INGRID HENZLER

Gott SUCHER

Leben wie
Franz von Assisi

INGRID HENZLER

Gott SUCHER

Leben wie Franz von Assisi

Sankt Ulrich Verlag

Freie Übersetzung der italienischen Originalausgabe „Cercatori di Dio"
(Taueditrice 2008) durch die Autorin
E-Mail: ihenzler@gmail.com

Bibliographische Information der Deutschen Bibliothek

Die Deutsche Bibliothek verzeichnet diese Publikation in der
Deutschen Nationalbibliographie; detaillierte bibliographische Daten
sind im Internet über http://dnb.ddb.de abrufbar.

Fotos: Claudia Henzler (Bildteil und S. 77, 187)
www.henzlerworks.com
Umschlaggestaltung: uv media werbeagentur
Umschlagbild: Fotolia © laurent hamels-Fotolia.com, © javarman-Fotolia.com
Mediengruppe Sankt Ulrich Verlag, Augsburg
Druck und Bindung: Bercker Graphischer Betrieb GmbH & Co. KG, Kevelaer
Printed in Germany
ISBN 978-3-86744-170-4
www.sankt-ulrich-verlag.de

*Für alle Gottsucher in
Liebe und Dankbarkeit*

Inhalt

(*) wirkliche Namen

Einführung

Endlich ist das Buch „Gottsucher“ erschienen, das darüber berichtet, wie das religiöse Leben der Franziskaner heute im Alltag aussieht. Wir feiern das 800jährige Bestehen seit der Gründung des Ordens, und ich freue mich, dass gerade in dieser Zeit das Buch an die Öffentlichkeit kommt.

Der heilige Franziskus ist beinahe in der ganzen Welt bekannt. Weniger bekannt ist das Leben der Franziskaner. Was tun sie, wie folgen sie den Regeln von Franziskus heute? Manche halten die Brüder für heiliger, als sie in Wirklichkeit sind, andere glauben das Gegenteil.

Das Buch „Gottsucher“ besteht aus zwölf Interviews mit franziskanischen Brüdern und Schwestern, die aus acht verschiedenen Nationen stammen und unterschiedlichsten Alters sind. Die Autorin Ingrid Henzler behandelt nicht nur den informativen Aspekt ihres religiösen Lebens, den zeitlichen Ablauf eines Tages oder die Disziplin, die es in einem Kloster einzuhalten gilt, sondern auch die intime und sehr persönliche Realität der Interviewten. Es ist faszinierend und kein Zufall, dass die Autorin in Assisi selbst, der Stadt, in der Franziskus geboren und gestorben ist, den Ruf verspürt hat und ihm gefolgt ist, diese Interviews zu Papier zu bringen.

Die klösterliche Welt wurde von außerhalb schon immer ein wenig mit Neugier und auch mit Misstrauen betrachtet. Oft hört man, dass das Leben in einem Kloster ein Mysterium sei. Das stimmt – in Wirklichkeit ist es sehr schwer, dass sich ein Bruder oder eine Schwester öffnet und andere Menschen an den eigenen echten Gefühlen und Wünschen, den wirklichen Schwächen und den reellen inneren Kämpfen teilhaben lässt. Jeder bemüht sich darum, vielleicht aus Scham, die eigene Persönlichkeit zu verbergen.

Mit ihrem großen Herzen ist es Ingrid Henzler gelungen, die Mauern des Klosters zu überwinden, und mit ihrer Fähigkeit zuzuhören, ohne zu urteilen, hat sie die Interviewten dazu gebracht, Dinge zu sagen, von denen sie vielleicht selbst nicht einmal wussten, dass sie sie mitteilen wollten. Alle öffnen sich und beantworten ihre Fragen mit so einer Offenheit, dass der Leser nicht umhin kann, zu staunen und gleichzeitig tief bewegt zu sein. In jedem von ihnen entdeckt man Gedanken und Wünsche, die man selber kennt, man sieht ihre spirituelle und gleichzeitig auch so menschliche Seite. Voller Bescheidenheit offenbaren sie uns, wie Gott sie gerufen hat, und wie sie den Ruf gespürt haben.

Wir haben unzählige Romane, Bücher über Heilungen, über Philosophie, über verschiedene Religionen usw., die alle von großer Bedeutung sind. Aber bis jetzt hat es noch nie ein Buch wie „Gottsucher“ gegeben. Der Schleier hebt sich wie der Vorhang auf einer Bühne, und wir befinden uns mitten im inneren Leben eines Ordens.

Das Buch von Ingrid Henzler ist nicht nur eine faszinierende Reise in das Leben der Franziskaner, das sich in vielen bunten Farbtönen vor uns ausbreitet, sondern es ist auch ein Werk, das uns helfen kann, auf einer tieferen Ebene unseren eigenen Ruf wahrzunehmen und unsere Aufgabe im Leben neu zu betrachten.

Wer sich Gedanken darüber macht, ob das Leben in einem Orden im 21. Jahrhundert noch zeitgemäß ist, und vor allen Dingen, wer sich dafür interessiert, wie die Franziskaner heute – 800 Jahre nach dem Tod von Franziskus von Assisi – ihren Glauben leben, dem kann man sagen, dass es ein „Muss“ oder besser ausgedrückt ein „Geschenk“ ist, dieses Buch zu lesen.

Massimiliano Mizzi OFM Conv.
CEFID (Centro Francescano Internazionale per il Dialogo)

Vorwort

Als ich ein Kind war, hielt ich inne, wenn ich das Schlagen der Kirchenglocken hörte. Ich hatte das Gefühl, als ob mich jemand riefe. Später in der Schule tauchten in mir im Religionsunterricht viele Fragen zu den Evangelien in der Bibel auf, die alle nicht beantwortet wurden. Mein Vater zog sich zurück, wenn ich über Gott sprechen wollte, um so mehr nahm sich meine Mutter Zeit für mich. Sie erzählte Geschichten von Franziskus und anderen Heiligen, sie sprach von Jesus Christus und seiner großen Liebe zu mir. Ich war damals 12 Jahre alt und dachte: Er kennt mich doch gar nicht, und dennoch liebt Er mich! Ich wollte Ihm mein Leben schenken, bis ich anfing, mich für „die Welt" zu interessieren. Gott trat in den Hintergrund meiner Interessen.

Viele Jahre später bekam ich das Buch „Die Blümlein des heiligen Franziskus" geschenkt. Der Heilige, von dem mir meine Mutter Geschichten in der Kindheit erzählt hatte, tauchte wieder in meinem Leben auf. Damals ahnte ich noch nicht, dass ich eines Tages nach Italien ziehen würde. Viele Bücher habe ich über den hl. Franziskus gelesen. Er nimmt in meinem Leben einen besonderen Platz ein. Seit 1999 lebe ich in Assisi. Vom ersten Tag an hatte ich das Bedürfnis, die vielen Kirchen, Höhlen und Plätze aufzusuchen, die für die Pilger besondere Anziehungsplätze sind. Es scheint, als ob man hier mehr als an anderen Orten zu sich selbst kommen kann und Frieden im Herzen spürt. Franziskus hat seine Spuren hinterlassen.

Überall in Assisi begegnet man auf Schritt und Tritt den franziskanischen Brüdern und Schwestern. Man kann sie nicht übersehen in ihren einfachen braunen, schwarzen oder auch grauen franziskanischen Gewändern. Oft, wenn sie meinen Weg kreuzten, wollte ich am liebsten sofort mit ihnen ins Gespräch kommen, so als ob ich zu ihnen gehören würde, und ich zweifelte nicht im geringsten daran, dass auch sie ähnlich fühl-

ten. Wenn ich dann wieder in meiner Wohnung war, dachte ich, dass ich verrückt sein müsse, solche Gedanken gehabt zu haben, noch dazu als verheiratete Frau, die vier erwachsene Kinder hat! Dennoch, die franziskanischen Schwestern und Brüder zogen mich weiterhin in ihren Bann!

Ich fing an, mir ihre Gesichter genauer anzusehen, und beobachtete ihre Haltung: Viele machten einen fröhlichen, unbeschwerten Eindruck auf mich, einige gingen teilnahmslos durch die Straßen, andere schienen in ihre innere Welt versunken zu sein. Woran dachten sie, was fühlten sie? Mich interessierte, wie sie mit den Entbehrungen in ihrem Leben umgehen, ob sie manchmal neidisch auf uns „Weltliche" sind, weil sie nicht mehr die Freuden dieser Welt genießen können. Ich wollte wissen, ob der hl. Franziskus und die hl. Klara ihre großen Ideale sind, denen sie nachfolgen wollen ... ob sie ständig an Gott denken und innerlich mit Ihm sprechen ... und worin ihre Liebe zu Jesus sich von meiner Liebe zu Ihm unterscheidet.

Monatelang ging ich täglich frühmorgens in die Messe und abends in die Vesper. In solchen Momenten tauchten Gefühle aus meiner Jugend auf, als auch ich mein Leben Gott schenken und Schwester werden wollte. Ich sehnte mich danach, als Klarissin Gott hinter verschlossenen Mauern zu loben und preisen, mich in die Kontemplation zu versenken und für Ihn zu singen. Viele Monate lang kreisten diese Bilder in meinem Kopf. Dann wurde ich wieder nachdenklich ... War das ein innerer Ruf, oder waren es vorüberziehende religiöse Vorstellungen?

Ich fing an, einige Schwestern über ihr Leben zu befragen, auf welche Weise sie die Berufung in sich gespürt hatten. Es war faszinierend und spannend, ihren Erlebnissen zuzuhören, so dass ich mit den Interview-Aufzeichnungen begann. Noch war mir nicht bewusst, welches Ziel ich damit verfolgte. Hoffte ich Klarheit in mir selbst zu finden, ob auch ich diesen Weg gehen könnte?

Oder wollte ich den Menschen, die in der Welt leben, meinen neu gewonnen Eindruck aus dem Ordensleben vermitteln, das zwar wie jedes Leben Schwierigkeiten und Versuchungen mit sich bringt, aber auch ein Leben voller Freude ist? In Deutschland glauben viele Menschen – und dazu gehörte auch ich –, dass ein Leben im Kloster viele Opfer und viel Leiden mit sich bringt und oft von Bitterkeit erfüllt ist.

Wenn ich franziskanische Brüder und Schwestern um Interviews bat, teilte ich allen zu Beginn mit, dass ihre Aussagen vertraulich, das heißt anonym behandelt und ihre Namen nicht der Öffentlichkeit preisgegeben würden. Einige jedoch wollten zu ihrem Namen stehen. Manche waren begeistert, über ihre Berufung sprechen zu können, und nahmen ausführlich zu den Fragen Stellung. Andere waren zurückhaltend und im Gespräch weniger mitteilsam. Es gab einige Schwestern, die anfänglich zu einem Interview bereit waren, die sich aber leider plötzlich überraschend, ohne eine Erklärung zu geben, zurückzogen. Das ist auch der Grund, warum mehr Brüder interviewt wurden.

Ich habe bestimmte Fragen absichtlich in jedem Interview wiederholt, weil es mich interessierte, ob die Brüder und Schwestern in verschiedenen Altersstufen unterschiedliche Erfahrungen machten. Alle franziskanischen Schwestern und Brüder, mit denen ich sprach, berührten mich durch ihre Ehrlichkeit und Offenheit. Sogar die persönlichsten Fragen beantworteten sie ohne Scheu. Oft sprudelten ihre Antworten aus ihnen hervor. Nie hatte ich das Gefühl, dass sie eine Maske aufgesetzt hatten, um irgend etwas vorzutäuschen, was sie in Wirklichkeit nicht dachten oder empfanden.

Selten habe ich so viel Bescheidenheit wie unter den interviewten Franziskanern kennengelernt. In aller Natürlichkeit sprachen sie von ihren Versuchungen und ihrem Vertrauen, dass Gott ihnen verzeiht, wenn sie gesündigt haben, und dass Er ihnen immer helfen und sie auf ihrem Erdenweg zur Ewigkeit hin begleiten und führen wird.

Ich weiß nun, dass „ein Wunsch ins Kloster zu gehen", weil man tiefe Liebe zu Jesus Christus fühlt, nicht ausreicht, um für dieses Leben geeignet zu sein. Es ist „der Ruf Gottes", der eindringlich und unwiderstehlich ist, und dem sich die Menschen vollkommen übergeben, der sie den Weg gehen lässt, um „Gott zu suchen" und „Ihm zu begegnen."

Den Fußspuren von Franziskus im 21. Jahrhundert zu folgen, bringt viele Entbehrungen und Schwierigkeiten mit sich, aber die Freude und Lebendigkeit im Orden, der Dienst am Nächsten, die Predigt des Evangeliums, das Gebet und die Kontemplation sind der Reichtum ihres Lebens.

Jeden Tag sagen die „Gottsucher" erneut „Ja" zu Seinem Ruf: „Hier bin ich, Herr, ich komme!"

Ingrid Henzler

Assisi, geliebte alte Stadt

Der Himmel
voll von Engeln
die Erde
berührt von Heiligen
die Luft
durchdrungen von Sehnsucht
die Hügel
jauchzen vor Freude ...
Porziuncola
Geheimnis der Tränen
San Damiano
erhellt von Gesängen
der Wald
geheiligt durch Stille
die Mönche
gesegnet vom Heiligen Geist ...
die Häuser
erfüllt von Hoffnung
in den Gassen
ein Hauch süßer Wehmut

Assisi
du bist ein Meer der Freude
du bist ein Meer des Friedens
mit Franziskus und Klara
mit all den Brüdern und Schwestern
die Stunde um Stunde beten

Heiliger Franziskus
so bewundert von den Menschen
heiliger Franziskus
du bist ein Beispiel für die Gläubigen

Assisi
geliebte alte Stadt,
es gibt keinen anderen Ort
der sich mit deiner Schönheit
und deiner Liebe vergleichen ließe

I.H.

Bruder Danilo

„Zu Hause angekommen“

An einem kalten Novembertag traf ich zufällig ein befreundetes Ehepaar in Assisi. Sie erzählten von einem Franziskaner-Eremiten, der kaum Kontakt zur Außenwelt hat. Ich brauchte nur das Wort „Einsiedler“ zu hören, und schon packte mich der starke Wunsch, ihn kennenzulernen.

Mit einer vagen Wegbeschreibung fuhr ich sofort mit dem Auto los, um die Einsiedelei zu finden, die sich in der Nähe eines Waldes in einem großen Garten befinden sollte. Ich ließ meinen Wagen in einem kleinen Ort stehen und ging zu Fuß lange, schmale Wege entlang, bis ich endlich die Einsiedelei entdeckte.

Ich war ein wenig aufgeregt. Alles strahlte so viel Ruhe und Frieden aus, dass ich fast nicht zu atmen wagte. Ich kam mir beinahe wie ein Eindringling in dieser absoluten Stille vor. Zaghaft klopfte ich an die Pforte und rief leise seinen Namen: „Bruder Danilo?“

„Wer ist da?“ „Sie kennen mich nicht, Bruder, dürfte ich Sie einen Moment sprechen?“ Eine quietschende Tür ging auf, und da stand er in einem Trainingsanzug vor mir in seiner großen kräftigen Gestalt. Ich hatte ihn mir viel älter vorgestellt. Sein Gesicht wirkte relativ jung, auch wenn er weiße Haare hatte. Der Bruder war zurückhaltend, dabei recht freundlich. Ruhe und Gelassenheit gingen von ihm aus. Er bot mir in seiner bescheidenen, spartanischen Küche eine Tasse Kaffee an. Ich hockte mich ein wenig zusammengekauert hin, wahrscheinlich spürte er, wie ich fror, er suchte einen kleinen Heizkörper und entschuldigte sich, dass es so kalt war.

Es war beinahe Dezember, ich schätzte die Raumtemperatur auf maximal 13 Grad. Ich fragte ihn, ob die Temperatur im ganzen Haus so niedrig wäre und ob es nicht schwierig sei, sich bei dieser Kälte tief ins Gebet zu versenken. Er schaute mich ruhig an und nahm sich Zeit, bevor er mit einem kleinen Lächeln antwortete. Und dann sprach auch ich nicht mehr ... Es war so still im Raum, so still ... Er zeigte mir die schlichte Kapelle, und wir verweilten dort: Er zündete Kerzen an, und wir beteten zusammen das Vaterunser ... dann sangen wir „Prendi la mia vita, prendila Signore ..." (Nimm mein Leben Herr, nimm es, Herr ...) und danach ein Lied aus Taizé: „Confitemini Domino quoniam bonus, confitemini Domino, alleluia ..."

Erst als wir wieder hinausgingen, spürte ich, wie eisig meine Beine und Hände waren. Bevor ich fortging, bat ich ihn, wiederkommen zu dürfen, um ihm einige Fragen bezüglich seines franziskanischen Lebens zu stellen. Wieder ein langes Schweigen. Ich erzählte ihm, dass ich schon mehrere Brüder und Schwestern interviewt hatte, und versicherte ihm, dass sein Name wie auch die Namen der anderen nicht bekanntgegeben würden, dass alle anonym blieben. Er schien in sich zu gehen, bevor er antwortete: „Gut, nächste Woche ... danach möchte ich keinen Besuch mehr haben, denn dann möchte ich mich in aller Stille auf Weihnachten vorbereiten."

Die Woche war verstrichen, und wir setzten uns wieder in seine Küche. Er bot mir sofort das „du" an. Während die Kälte vom nackten Fußboden in meine Füße und Beine aufstieg, tranken wir einen starken heißen Kaffee. War tatsächlich eine Woche vergangen? Es schien in der Einsiedelei keine Zeit zu geben ... Ich hoffte, all seine Antworten aufschreiben zu können, bevor meine Finger erfrieren würden. Wir schauten uns einen Augenblick an, und das Interview begann:

Bruder Danilo, wahrscheinlich haben viele Menschen keine Idee davon, wie man als Eremit lebt und wie es zu der Entscheidung gekommen ist, sich in die Einsamkeit zurückzuziehen. Könntest du etwas über dein inneres Leben erzählen und von einigen Erlebnissen berichten, die du in deiner Jugend gehabt hast?

Wo kann ich da am besten anfangen ... Schon früh als Kind war der Wunsch in mir, Priester zu werden. Ich habe viel Geborgenheit in der Kindheit erlebt, und im Glauben fand ich viel Sicherheit. Unser Pfarrer hat mich geprägt, er hat die Religion für mich repräsentiert, aber gleichzeitig habe ich mich auch vor ihm gefürchtet, denn er war Choleriker. Aber dennoch, wenn er zur Beichte und der anschließenden Kommunion zu meiner Großmutter kam, war eine ganz besondere Stimmung im Raum, da war so etwas Geheimnisvolles in der Luft. Eine Wirklichkeit war das, die hat mich angezogen!

Und so kam in mir der Wunsch auf, ins Kloster zu gehen, ich kann es nicht begründen. Ich glaubte auch eine Familie zu finden. Mein Bruder war 12 Jahre älter, und ich hatte Geschwister in meinem Alter vermisst. Eine Familie bedeutete für mich, ein Zuhause, Geborgenheit zu haben, die ich dort zu finden erhoffte. Ich wusste, dass ein Leben im Kloster das Richtige für mich wäre ... ich möchte das nicht weiter erklären und begründen ... so behält es etwas von seinem Geheimnis.

Ich war introvertiert, ein Einzelgänger, einsam, am Rand des Sich-allein-Fühlens. Nicht im negativen Sinn, es waren andere Kinder da, dennoch fühlte ich mich einsam, aber nicht in der Form des Nicht-geliebt-Werdens. Ich war sehr brav und als Jugendlicher sehr unkritisch. Bis nach dem Abitur habe ich alles, was ich in der Schule und im Religionsunterricht erfuhr, unkritisch aufgenommen, ohne viel darüber nachzudenken. Die Augen sind mir später geöffnet worden.

Wann hast du das erste Mal daran gedacht, ein Franziskaner zu werden?

Schon als Kind. Diese Gedanken kamen immer wieder, bis ich bewusst die Entscheidung getroffen habe, Priester zu werden. Der Weg verlief gerade: die Schule, das Abitur, der Ordenseintritt immer mit dem Ziel vor Augen, Priester zu werden und Gott zu suchen. Als ich zwei Jahre im Kloster für das Noviziat verbrachte, kam ich mit einigen Menschen in Berührung, die ganz anders ausgerichtet waren.

Ein gleichaltriger Mann war einen ähnlichen Weg gegangen wie ich: er war in einem katholischen Elternhaus aufgewachsen und hatte das Gymnasium besucht, dann trat er in den Orden ein usw., aber an einem bestimmten Punkt kam er in eine große spirituelle Krise, die ihm jedoch zu einem Reifungsprozess verhalf, die Herausforderungen des Lebens besser bewältigen zu können. Die Begegnung mit ihm hinterließ einen positiven Einfluss auf mich in meiner eigenen Suche nach Gott.

In jener Zeit lernte ich die kleinen Schwestern von Charles de Foucauld kennen. Ich sah, dass sie das klösterliche Leben vollkommen anders lebten, so wie ich es bisher noch nicht kannte, nämlich ganz stark franziskanisch geprägt. Noch einmal wurden mir die Augen geöffnet, und zwar in der Weise, dass das Leben in einem Orden ganz anders gelebt werden kann.

Ich war zwar überzeugt, dass der von mir gewählte Weg der richtige war, aber nachdem ich die kleinen Schwestern von Charles de Foucauld kennengelernt hatte, dachte ich viel nach, und Zweifel und Fragen tauchten auf über die Art und Weise, wie heutzutage das „Franziskanische Leben" im Kloster gelebt wird. Es war eine gesunde Unzufriedenheit, die wie ein Stachel in mir bohrte, und so begann ich mich zu fragen, wie ich persönlich als Franziskaner leben könnte!

Wer ist Franziskus für dich, welche Rolle spielt er in deinem Leben?

Franziskus fasziniert mich, er ist ein Mensch, der sich in seiner Suche nach Gott bewusst den größten Herausforderungen gestellt hat: „Großer und glorreicher Gott! Erleuchte mein Herz, gib mir das rechte Erkennen und Empfinden für deinen Auftrag" (das Gebet von Franziskus in San Damiano vor dem Kreuz). Es zeigt, dass es bei wichtigen Lebensentscheidungen um den ganzen Menschen geht. „Erleuchte meine Dunkelheit" bedeutet: Da ist Finsternis, sie ist in mir, sie gehört zu mir, und das, was am Anfang noch undefinierbar war, das wird durch das Licht von Christus klar erkennbar werden.

Die Aufrichtigkeit des Gebetes hat mich tief berührt. Wie viele Male habe ich dieses Gebet auf meinem Weg immer wieder gesprochen! Und ich fragte mich: „Suchst du Gott, so wie Franziskus ihn gesucht hat? Was ist dein Ziel?" Es wurde mir absolut klar, auch für mich gibt es nur eine einzige Möglichkeit, nämlich sich vollkommen in Gottes Hände zu übergeben. Da ist Franziskus ein Ideal für mich, sein Leben ist wie ein Lied, ein Lobgesang für Gott, Franziskus hat sich den Herausforderungen seines Lebens vollkommen gestellt.

Bei einem so langen ununterbrochenen Suchen geht es darum, den wirklichen Sinn des Lebens zu finden, sonst wäre man unglücklich, es geht darum, etwas zu erkennen und zu transformieren, in die Tat umzusetzen; es geht nicht mehr nur um mich, sondern es hat immer einen Bezug zum Mitmenschen, zu Gott. Es geht darum, die Liebe, die in jedem von uns schlummert, wieder zum Leben zu erwecken. Was kann ich tun, damit auch ich die Liebe Gottes fühle? Die Liebe macht mich glücklich, aber sie fließt ständig, sie ist nie eine konstante Wirklichkeit in mir.

Oft lese ich die Biographien von Heiligen. In den letzten Jahren interessiert mich immer mehr, wie sie gelebt haben, ich möchte etwas erfahren über ihren Enthusiasmus, über ihre Herausforderungen und Versuchungen, über ihr Durchhaltevermögen auf dem Weg und besonders über ihre Freuden und göttlichen Ekstasen.

Viele Heilige haben die Gelübde der Armut, Keuschheit und des Gehorsams abgelegt. Was bedeuten die Gelübde für dich?

Früher habe ich die Gelübde viel stärker unter dem Blickwinkel der Askese gesehen. Heute sehe ich das anders. Ich denke, ich bin nicht arm. Arm sein im biblischen Sinn bedeutet, mich zunächst ganz umfangen zu wissen von dem, was mich wirklich trägt und mein Leben begleitet. Das macht mich fähig, alles loszulassen, und das kann auch zu einem Kampf und einem Erlebnis der Armut beitragen, gleichzeitig aber auch zu einem Gewinn.

Das Leben fordert von uns so oft, alles loszulassen. Wir leben die Armut, gleichzeitig können wir beschenkt werden. Es ist wichtig, mit all den Gaben verantwortungsvoll umzugehen, und nicht den Blick für die wirklich materiell Armen zu verlieren. Hier in meiner Einsiedelei lasse ich die Sicherheit los, die im Klosterleben garantiert wird. Dort helfen sich die Brüder gegenseitig in der Gemeinschaft, es fehlt an nichts, während andere täglich für das Leben kämpfen müssen.

Ich lebe nur von dem, was mir Gäste mitbringen, oder davon, dass ich einem Nachbarn helfe und manchmal Naturalien dafür bekomme, oder auch von Führungen in der Franziskusbasilika. Im Winter ist es schwierig, da kommen keine Pilger oder Gäste, die etwas mitbringen ... deshalb ... Es tut mir leid, ich konnte dir noch nicht mal Kekse anbieten ... Warte, es gibt einige Äpfel ... sag, magst du einen?

Ich lächle und antworte: „Nein danke, es geht mir gut, ich habe doch deinen starken Kaffee getrunken!" Er schaut mich an, als wolle er sich entschuldigen, und ich sage ihm: „Mach dir keine Sorgen, es ist alles bestens." Wir lachen einen Moment. Aber auf jeden Fall bin ich froh, dass ich mich dieses

Mal wärmer angezogen habe, ich frage mich, wie Bruder Danilo die Kälte aushält.

Hier gibt es nie wirkliche Sicherheit ... Wenn ich krank würde, könnte ich zwar in ein Franziskanerkloster gehen, wo für mich gesorgt würde ... *(er macht eine kleine Pause und wirkt etwas ängstlich)* aber in meinem alltäglichen Leben bin ich hier vollkommen allein. Die Unsicherheit, die Franziskus gelebt hat, kann ich und will ich hier in der Einsiedelei leben.

Wie lebst du die Gelübde hier in der Einsamkeit?

Was das Zölibat angeht: da ist das Gespür, dass etwas fehlt, ich kann nur versuchen, das Fehlende zu füllen, indem ich die Liebe zu den anderen lebe. Es wird immer eine Spannung da sein, gleichzeitig weiß ich aber auch, dass es der richtige Weg ist. Es geht da nicht um Verzicht auf Familie, auf Partnerschaft. Natürlich könnte mich eine Familie mit Zufriedenheit erfüllen, aber auf der anderen Seite habe ich die innere Gewissheit, dass die wirkliche Erfüllung in einer anderen Lebensform zu finden ist. Jeder muss seinen eigenen Weg mit Gottes Hilfe herausfinden.

Was den Gehorsam anbelangt: Es ist wichtig, in sich selbst hineinzuhören, um Gott zu spüren, den Weg zu erkennen und zu gehen, der zu einem glücklichen Ziel führt: jenen, der zum Himmel führt. Zur Keuschheit würde ich sagen, dass Wünsche und Gefühle ein Zeichen von Vitalität sind. Ich hatte einmal mein Studium unterbrochen und war in einer Fabrik, wo ich mit Männern und Frauen arbeitete. Ich musste mein Brot verdienen und mich dort einigen heiklen Situationen stellen.

Aber hätte ich diese Erfahrung nicht gemacht, so würde etwas ganz Wesentliches gefehlt haben. Es war notwendig, auch diesen anderen Lebensstil kennengelernt zu haben, um zu einer halbwegs reifen Entscheidung zu kommen. Diese

Entscheidung hat sich mir in aller Härte als junger Priester gestellt. Ich wollte zwar geradlinig den Weg als Priester gehen, aber dann ist daran noch einmal kräftig gerüttelt worden: ich musste mich dem stellen, weil es nicht nur um mich, sondern auch um einen anderen Menschen ging. Auf Grund einer reifen, wohlüberlegten Wahl und dem Hören auf Gottes Willen ist es möglich gewesen, meine junge Priesterschaft zu retten.

Was glaubst du, wie die Keuschheit gelebt werden soll? Wie hast du dich persönlich entschlossen, damit umzugehen?

Es ist wichtig, von der Pubertät an seine Sexualenergie zu entdecken, sich zu spüren, sie zu akzeptieren und zu lernen, damit umzugehen. Früher war die Sexualität ein „Tabu", heute ist es das Gegenteil. Ich stelle mir Fragen: „Was soll ich zulassen, was kann ich zulassen, um nicht andere und mich zu verletzen?" Es ist wichtig, die Sexualität nicht nur unter dem Aspekt eines schrecklichen Verbotes zu sehen. Wir sind menschliche Geschöpfe.

Natürlich geschieht es, dass ich mich nicht kontrollieren kann … trotz tiefen Ringens im Gebet oder trotz körperlicher, anstrengender Arbeit. Auch ich bin nur ein Mann aus Fleisch und Blut. Es ist klar für mich, dass ich die Liebe nicht gegen das sechste Gebot leben kann. Es ist ein Ringen loszulassen, so gut es geht. Sicher soll man kein Doppelleben führen, man soll aufrichtig sein. Man müsste das Zölibat mildern und die Möglichkeit haben, auch als Verheirateter Priester zu sein. Es ist sehr schwierig, diesem Weg als Unverheirateter zu folgen.

Seine Ehrlichkeit und Offenheit überraschen und berühren mich. Ich kann nicht umhin, ihn deshalb zu bewundern, und das sage ich ihm auch. Er entgegnet nichts. Er steht auf, holt sich ein Glas Wasser und setzt sich wieder hin. Ich betrachte ihn … mache eine kleine Pause …

Was machst du hier draußen während des Tages? Wie verbringst du deine Zeit?

Ich bete, zelebriere die Messe ... genieße die Stille ... erfreue mich an dem Frieden, der mich umgibt ... Ich arbeite, studiere, lese, mache lange Spaziergänge und meditiere über die Schönheit der Natur, die von Gott wie mit einem Pinsel gemalt wurde. Im Sommer kommen Menschen hierher, um Einkehrtage zu machen. In der Einzelseelsorge kann ich den anderen zuhören, an ihren Problemen teilnehmen und ihnen helfen, ihre Sorgen besser tragen zu können.

Es bereitet mir viel Freude zuzuhören. Bei Beichtgesprächen habe ich schon geweint und gelacht, da ist man den Menschen sehr nahe. Ich liebe meine Brüder, ich empfinde so viel Mitgefühl für sie. Ich habe in einem Altenheim als einfacher Arbeiter gearbeitet, ohne als Seelsorger aufzutreten. Ich könnte mir vorstellen, auch einen Monat im Gefängnis zu leben, als Wertschätzung und Zugetansein zu den Menschen. Alle möchten glücklich sein. Ich habe den Wunsch, dass die anderen den Reichtum ihres Lebens auf dem Weg zu Gott finden.

Kannst du deine Gefühle für Gott in Worte ausdrücken? Hat sich deine Beziehung zu Gott in all den Jahren geändert?

Veränderungen habe ich hier in der Einsiedelei gespürt. Das war der Moment, wo ich plötzlich das Erlebnis hatte: „Du bist viel größer und schöner und ganz anders, als man Dich uns in der Kirche und im Klosterleben beigebracht hat." Ich hatte immer Sehnsucht nach Gott, aber „zu Ihm" bin ich nicht richtig hingeführt worden, und so bin ich wieder zurück zu dem Gott aus meiner Kindheit gekehrt, in der alles noch unverdorben und rein war.

In der Tat, diese Einsiedelei ist ein besonderer Ort. Es war schon oft eine Frau hier, die litt zeit ihres Lebens unter Depressionen, und hier hat sie eine Befreiung erfahren, die ihr Flügel gegeben hat. Oft haben wir das Lied zusammen gesungen: „Lass den Wind von vorne wehen, breite die Flügel, du wirst sehen, du kannst fliegen, du kannst …"

Ich betrachte meine Beziehung zu Gott wie eine große Freundschaft, als etwas, was mein Leben sehr glücklich macht, als eine große Geborgenheit: „Du umhüllst mich mit Gewändern des Heils." *(Bruder Danilo lässt seinen Blick in die Ferne gleiten.)* Aber es gibt die beiden Aspekte, es ist so faszinierend und manchmal auch so erschreckend, man erlebt die Geborgenheit und viele wunderbare Dinge ...

Aber es kann auch sein, dass ich mich wie vor den Kopf gestoßen fühle und etwas ganz und gar nicht mehr verstehe, Prüfungen, äußere Lebensumstände usw. … und es fühlt sich so an, als ob ich in ein kaltes dunkles Loch fallen würde… und ich sehe nicht mehr das Licht … da ist nur noch ein abgrundtiefes Schweigen … *(Er schaut nach unten auf den Boden, als würde er sich an diese Augenblicke erinnern …)*

Was machst du in solchen Momenten, was hilft dir in dieser Dunkelheit? Wendest du dich an Jesus?

Was mache ich … Es ist nicht leicht. Vielleicht bete oder lese ich, vielleicht weine oder schreie ich … manchmal fühle ich mich blockiert und kann nichts tun … ich suche Gott … ja, ich suche Ihn … bis der Augenblick kommt, indem ich mich Ihm mit meinem ganzen Sein ausliefere … ich werfe mich auf den nackten Boden im Wald … ich rufe Ihn … ich rufe Ihn … ich wiederhole unentwegt Seinen Namen … *(Ich bin tief bewegt, mir laufen die Tränen über das Gesicht, ich kann und will sie nicht einmal verbergen.)*

Eine große Stille breitet sich aus … und auf einmal … da ist es, das Licht … ich fühle mich wieder von Gott beschützt … geliebt, umarmt und eingehüllt von Seiner unsichtbaren Gegenwart. Ich bin wieder glücklich und im Frieden mit mir und der Welt.

In meinem Leben hier in der Einsiedelei ist mir etwas zuteil geworden, was ich nie zuvor erfahren habe ... Ich kann darüber nicht sprechen, denn es ist ein kostbarer Schatz für mich, den ich mit niemandem teilen möchte. *(Ein ernstes Lächeln spielt um seinen Mund.)*

Ist es nicht manchmal schwierig für dich, nicht mit anderen Brüdern zusammen zu leben und hier so ein einsames Leben zu führen?

Natürlich! Es wäre schön, nach den Regeln zu leben, die Franziskus aufgestellt hat, dass die Eremiten mit zwei Mitbrüdern zusammenleben sollen. Aber weißt du … *(Danilo schaut mich eindringlich an)* schon als ich das erste Mal diese Einsiedelei betrat, schien mir alles so vertraut. Ich hatte das Gefühl, ich sei zu Hause angekommen. Es ist die Erfüllung meines Lebens, hier in der Einsiedelei leben zu dürfen. Ja, ich fühle mich zu Hause … bis ich eines Tages im Haus meines himmlischen Vaters ankommen werde …

Er schlägt vor, mir die Einsiedelei und das Gelände zu zeigen. Ich freue mich, dass ich diesen Ort in all seiner Armut, Einfachheit und Schönheit habe kennenlernen dürfen, und dass ich Bruder Danilo getroffen habe, den Franziskaner, der das Leben eines Einsiedlers gewählt hat. Seine Bereitschaft, sich zu öffnen und mich an seinem inneren Leben teilhaben zu lassen, hat mich tief berührt, und das sage ich ihm. Bruder Danilo antwortet nicht sofort … „Ja, das war wirklich eine große Ausnahme, ich wundere mich über mich selbst … normalerweise spreche ich nicht so wie heute … ich ziehe es vor zu schweigen."

Wir verabschieden uns. Bruder Danilo geht zurück in seine Einsiedelei. Es war kalt drinnen … es ist kalt draußen … Was für ein außergewöhnliches Leben!

Pater Murray Bodo

„Unser Herz ist bei Gott"

Im Jahr 2004 begegnete ich zum ersten Mal dem amerikanischen Priester, der jedes Jahr Pilgergruppen nach Assisi bringt, der Gedichte und Prosa schreibt, die mich tief bewegen. Ich hatte gehört, dass er gerade in Assisi mit seiner Pilgergruppe in der Casa Papa Giovanni XIII untergebracht war, und empfand das tiefe Bedürfnis, ihn persönlich kennenzulernen. In meiner gewöhnlichen Spontaneität machte ich mich eines Abends auf den Weg, nahm ein paar meiner Gedichte mit und hoffte, falls er Zeit haben sollte, seine Meinung dazu hören zu können.

Ich traf ihn im Buchladen des gleichen Hauses, in der Libreria Fonte Viva. Ich wurde ihm vorgestellt, und wir kamen miteinander ins Gespräch. Mein geheimer Wunsch erfüllte sich, er hörte sich aufmerksam ein paar meiner Gedichte an. Ich denke voll Bewunderung an den Pater, denn obwohl er mich nicht einmal kannte, schien ihm mein Anliegen von äußerster Wichtigkeit. Was für ein großes Herz muss dieser Mann haben!

Später habe ich einige Male dabei sein dürfen, wie er mit seiner Pilgergruppe die heilige Messe zelebrierte. Schon von dem Augenblick an, wo Pater Murray Bodo am Altar stand und das Gebet sprach, glaubte ich, an einem besonderen Fest teilzunehmen. Es strahlte so viel Wärme aus, soviel Güte, soviel Freude! Jedes seiner Worte war durchdrungen von Kraft und Liebe. Es war ein tiefes Erlebnis, von ihm die Kommunion empfangen zu dürfen.

Zwei Jahre später sah ich ihn plötzlich unerwartet in den Gärten des Hauses Casa Papa Giovanni XIII, von wo man

„Ich spreche den ganzen Tag über mit Gott"
P. Murray Bodo

einen herrlichen Panorama-Blick über das Umbrische Tal genießt. Er schien in seine innere Welt versunken zu sein, und während er an mir vorüberging, fragte ich mit leisen Worten: „Pater, erinnern Sie sich an mich?"

Er hatte sich nicht verändert, seine feinen weißen Haare waren auf die eine Seite gekämmt, sein Gesicht war sanft und seine blauen Augen so klar! Der jugendliche und reine Ausdruck berührte mich wie beim ersten Mal, als ich ihn traf. Er schaute mich mit seinen leuchtenden Augen an, schien erstaunt, und dann begann er zu lächeln. Seine Stimme war ruhig, melodisch und so freundlich, wie bei unserer ersten Begegnung.

Ich berichtete kurz von den Ereignissen und Veränderungen meines Lebens in der letzten Zeit. Wieder spürte ich, wie sehr er sich für die anderen interessierte! Er hatte nur wenig Zeit während dieser Pilgerreise, die er in Assisi leitete, zur Verfügung, aber dennoch versicherte er mir, eine Pause zu finden, um auf meine Fragen antworten zu können.

Es verstrichen nur zwei Tage, bevor wir uns wieder in einem der Gärten trafen, von denen man weit über die alten Dächer von Assisi schauen kann. Wir waren von großen Bäumen umgeben, die uns vor den Strahlen der Sonne schützten, und über uns breitete sich ein wunderbarer, beinahe wolkenloser blauer Himmel aus. Es war friedlich in diesem Garten, wir verweilten in Stille und Gebet. Dann schauten wir uns einen Augenblick in die Augen ... und ich begann mit meinen Fragen.

Pater Murray Bodo, mich interessiert Ihr Leben als Schriftsteller und als Franziskaner. Ich würde gerne etwas über Ihre Jugend erfahren, bevor Sie Priester wurden. (Er schaut mich mit seinen klaren Augen an und lächelt, und ich spüre, wie sich seine Ruhe auf mich überträgt.)

Ich bin in den USA in Gallup, New Mexico, geboren. Mein Vater war ein Bergmann, zuerst arbeitete er in den Gruben, und später auf einem Bauerhof. Meine Mutter war in einer Wäscherei tätig. Als ich 14 Jahre alt war, ging ich auf ein Knabenseminar, das etwa 2400 km mit dem Bus von uns entfernt lag. Das Seminar war ein Internat, und wir durften nur im Sommer nach Hause fahren. Nach vier Jahren Oberschule begannen wir das Noviziat. Ich war 18 Jahre alt, als ich eingekleidet wurde und den Gürtel bekam. Nach einem Jahr als Novize legten wir die Gelübde der Armut, Keuschheit und des Gehorsams ab, die zunächst für eine Dauer von drei Jahren galten.

Als Junge interessierte ich mich für Bücher, ich las ständig. Es machte mir auch Spaß, Theater zu spielen. Ich stand oft auf der Bühne und gab für die Kinder aus der Nachbarschaft Theater-Vorführungen. Ich wollte immer Indianer und Cowboy spielen, das kam daher, weil wir im Südwesten von Amerika wohnten. Als Kind war ich sehr fromm. *(Pater Murray lacht kurz auf, bevor er weiterspricht, so als wäre er über sich selbst erstaunt.)* Ich hatte einen kleinen Altar, und vom 9. oder 10. Lebensjahr an habe ich dort immer die Messe zelebriert! Ich weiß nicht, warum ich das tat, denn ich war doch noch so jung, aber andererseits war ich auch sehr jung, als ich die Berufung spürte, ins Seminar zu gehen.

Im Alter von 13 Jahren wollte ich Franziskaner werden. In der Schulbibliothek entdeckte ich auf dem Regal ein Buch mit dem Titel „Franz von Assisi". Ich nahm das Buch, las es und wusste, dass es das war, wonach ich suchte. Stellen Sie sich vor, in dieser kleinen Stadt Gallup gab es franziskanische Schwestern, franziskanische Priester, und sogar der Bischof war ein Franziskaner. Alle waren aus Cincinnati, Ohio! Ich fuhr dann ein Jahr lang den Wagen für die Schwestern, die die Armen und die Kranken besuchten, und in dieser Zeit wurde mir klar, dass ich ein Franziskaner werden wollte.

Im Alter von 13 Jahren wollten Sie bereits Franziskaner werden! Glauben Sie, dass dieses bereits der Ruf Gottes war?

Absolut! *(Er schaut mich eindringlich und strahlend an.)* In der Zeit erfuhr ich alle möglichen Tröstungen, ich spürte so viel Frieden, Gott war so nah bei mir. Ich hatte keine Angst, mit dem Bus über 2400 km allein zu fahren. Wie müssen meine armen italienisch-amerikanischen Eltern gelitten haben, wenn sie sahen, wie ihr einziges Kind von Zuhause wegfuhr, um zu dem Internat zu kommen, dass so weit entfernt war!

Ich lebte in der Nähe der Navajo-Bevölkerung, und ich dachte, dass meine zukünftige Berufung darin bestehen würde, mit dem Volk der Navajo-Indianer zu arbeiten, die das größte amerikanische Indianer Volk bilden. Und tatsächlich war es vorgesehen, dass ich so nach meiner Ordination zu den Navajos gehen sollte, aber dann bat mich mein Provinzial, in unser Seminar zu gehen, um dort für ein Jahr Englisch zu unterrichten, danach könnte ich dann zu den Navajo-Missionen gehen.

Aber es entwickelte sich alles anders. Ich fuhr fort, die jugendlichen Seminaristen noch weitere 14 Jahre zu unterrichten. Meine Aktivitäten als Priester bestanden darin, auf dem Seminar Unterricht zu geben und zum anderen als geistlicher Leiter für die Studenten tätig zu sein. Später war ich Berater und geistlicher Leiter der jungen Franziskaner und unterrichtete außer in den Sommermonaten an Internaten und Universitäten.

Von 1976 an bin ich regelmäßig nach Assisi gekommen. Ich gehörte zum Team der Mitarbeiter, um franziskanische Pilgertouren zu organisieren. Seit dieser Zeit bin ich jedes Jahr im Sommer nach Assisi zurückgekehrt, ausgenommen in den wenigen Jahren, in denen ich meine Doktor-Arbeit zu Ende schrieb. Ich habe meine erste Pilgerfahrt nach Assisi 1972 gemacht, das war die Zeit, in der mich meine Provinz drei Monate hierher schickte, um mein erstes Buch zu schreiben, „Francis, the Journey and the Dream“ (dt.: Der Traum des Franziskus), das vor einigen Jahren auch in die italienische Sprache übersetzt wurde.

Pater Murray, können Sie beschreiben, wie sie sich gefühlt haben, nachdem Sie den Ruf vernommen hatten?

Ich war sehr glücklich. Ich habe so viele Gnaden erfahren und spürte Gott ganz nahe bei mir. Ich fühlte mich innig mit der Jungfrau Maria verbunden, und zwar besonders während der Seminarjahre in der Oberschule. Als ich mit 18 Jahren mit meinem Noviziat anfing, hörten plötzlich alle Segnungen auf. Acht Jahre lang spürte ich nichts mehr, ich hatte keinerlei Gefühl von Gottes Gegenwart, nur der Glaube war noch vorhanden. Aber die Erinnerung an diese ersten tiefen, religiösen Erfahrungen haben mich angespornt und letzten Endes zu meiner Priesterweihe geführt.

1964 wurde ich zum Priester geweiht, gerade als das Zweite Vatikanische Konzil zu Ende ging. Viele der Praktiken, die ich gelernt hatte, waren in Latein gewesen, vor allem die philosophischen und theologischen Studien, aber nach dem Konzil *(er lacht)* … wurde alles ins Englische übertragen, wir mussten uns alle umstellen und uns an die neue Situation anpassen. *(Dem Ausdruck seines Gesichtes nach zu urteilen, schien das nicht gerade einfach gewesen zu sein.)*

Sie leben nach den Regeln der Armut, der Keuschheit und des Gehorsams. Was bedeutet „Armut" für Sie?

Na ja, unsere gegenwärtige Armut ist nicht mehr die Armut des hl. Franziskus, das ist sicher. Aber wir versuchen, im Geist der Armut zu leben, das heißt im Einklang mit der Situation der Menschen, unter denen wir arbeiten. Wenn wir inmitten der ganz Armen arbeiten, bemühen wir uns, wie die Armen zu leben, wir möchten mit ihnen solidarisch sein. Seit 1977 lebe ich in Cincinnati in einem Kloster, das sich direkt dort befindet, wo die Ärmsten der Armen wohnen, das sind die Afroamerikaner und die Bevölkerung aus den armen ländlichen Gegenden von Kentucky und Tennessee. Diese Menschen waren gezwungen, in die Stadt zu ziehen, um Arbeit zu finden. Sie sind entwurzelt und oft ohne Orientierung, und sie sind wirklich sehr arm. Wir sind sechs Brüder und versuchen, indem wir mitten unter ihnen wohnen, sie durch unsere Präsenz zu unterstützen.

In meinem Buch „Letters from Pleasant Street“ habe ich versucht zu beschreiben, was es bedeutet, inmitten von armen Menschen zu leben, die unsere Nachbarn sind. Unser Gelübde der Armut besteht darin, uns zu fragen, ob wir die Dinge, die wir haben, auch besitzen dürfen, wir versuchen, nicht an materiellen Dingen zu hängen, außerdem bedeutet es, besonders die Armen ins Herz zu schließen. Aber wir sind nicht ganz ohne Eigentum, so wie es der hl. Franziskus war. Wir bemühen uns, so zu leben wie die Armen, aber unsere Armut ist eine gemilderte, so wie die einer amerikanischen Mittelklasse-Schicht.

Als Franziskus vor dem berühmten Kreuz von San Damiano stand und tief betete, lieferte er sich Gott vollkommen aus. So wie ich das verstehe, war es diese bedingungslose Übergabe, es war diese totale Leere in ihm, die es Jesus möglich machte, zu ihm sprechen zu können, denn in diesem Moment war Franziskus vollkommen aufnahmebereit. Wenn man innerlich loslässt von allem, von den Hoffnungen, von Träumen, von eigenen Gedanken und Ambitionen, so dass einem gar nichts mehr gehört, hat das Ihrer Meinung nach mit „Armut“ zu tun?

Das war die Armut vom hl. Franziskus. Wir verstehen heutzutage unter Armut „Gehorsam“, das bedeutet vollkommen für die Kirche und für andere Menschen da zu sein, ohne dass wir spirituelle oder materielle Dinge als unser Eigentum betrachten. Franziskus benutzte das Wort „appropriatio“, Aneignung. Wir versuchen so zu leben, dass wir uns nicht aneignen, was uns von Gott geliehen wurde.

Pater Murray, ist die Keuschheit nicht ein riesiges Problem für die Brüder?

Ja, besonders in den USA, weil dort viel Materialismus vorhanden ist. Die jungen Menschen besitzen so viele Dinge, und sie haben schon in jungem Alter die Möglichkeit, Erfahrung mit der Sexualität zu machen. Es ist nicht mehr so, wie es zu der Zeit war, als ich auf das Seminar ging. Damals bemühten wir uns, in jungem Alter ein keusches Leben zu führen, und auch weiter jungfräulich zu leben, nachdem wir unsere Gelübde abgegeben hatten. Heute ist das sehr schwierig, weil unsere Kultur Jungfräulichkeit und Keuschheit nicht schätzt. Deshalb kann das zu einem Problem für die Menschen werden, die heute in den Orden eintreten.

Die Keuschheit von heute ist die, die es immer war. Das heißt, dass wir versuchen, mit unseren Herzen ganz in Gott verankert zu sein und Gott zu lieben. Es bedeutet nicht, dass wir die anderen Menschen nicht lieben; wir bemühen uns, alle Menschen zu lieben, aber unser Herz ist bei Gott. Für mich bedeutet das, mit Jesus verbunden zu sein. Er ist das Zentrum meines spirituellen Lebens.

Pater Murray, haben Sie als spiritueller Leiter der Franziskaner Ratschläge für diejenigen, die mit einem Verlangen nach Sexualität konfrontiert werden? Könnten Sie über Ihre eigenen Erfahrungen in diesem Bereich sprechen?

Ich möchte in einem breiteren Kontext antworten. Die klassischen Hindernisse zu einer Vereinigung mit dem Geliebten sind die sogenannten sieben Hauptsünden. Sie werden „Hauptsünden“ genannt, weil sie die Ursache von allen anderen Sünden sind. Nach dem hl. Johannes Cassian und dem hl. Gregor dem Großen versteht die katholische Kirche darunter folgende Sünden: Stolz, Geiz, Neid, Wut, Wolllust, Gefräßigkeit und Faulheit. Wenn mein Leben von einer dieser Sünden beherrscht wird, dann ist mein Wunsch nach Gott durch einen „Gegenwert“ in meinem Leben verringert.

Wie ich damit umgehe, diese Hindernisse zu beseitigen, das hat viel damit zu tun, was ich für ein Mensch bin, ob ich Verständnis für mich habe, ob ich direkt oder indirekt dagegen angehe, oder nichts tue und mich vielmehr auf die entgegengesetzte Tugend konzentriere. Da kann die Unterscheidungskraft eines geistlichen Leiters von großem Nutzen sein. Ich kann zum Beispiel versuchen, mit „Gewalt“ von einer Sünde loszukommen, so dass ich dabei eine Sünde durch eine andere ersetze.

Es kann statt dessen besser sein, positiv zu sein und zu versuchen, die entgegengesetzte Tugend von einer Sünde zu entwickeln, so dass meine Sünde durch die andere Tugend transformiert wird. Jedes Mal, wenn ich Lust empfinde, richte ich meine Aufmerksamkeit auf die Barmherzigkeit, indem ich mich um jemanden kümmere, den man nicht leicht lieben kann, um jemanden, der in Not ist.

Und jedes Mal wenn ich Lust empfinde, bitte ich, statt entmutigt zu werden und mich selbst zu hassen oder ein Minderwertigkeitsgefühl zu haben, Gott um Vergebung und wende mich wieder meinem Wunsch zu, bei Gott zu sein; ich versuche, die Menschen zu lieben, die Gott mich gebeten hat zu lieben: die Armen, die Verstoßenen, die Vertriebenen, die Ungeliebten, die Unerwünschten dieser Erde.

Barmherzigkeit kann Lust in einen Wunsch nach Gott verwandeln. Die meisten von uns lernen dieses auf harte Weise. Einige können sich glücklich schätzen, einen geistlichen Führer zu haben, der ihnen dabei hilft herauszufinden, welches der beste Weg für sie als Individuen ist, um ihre speziellen Hindernisse zu beseitigen, die ihrer Vereinigung mit Gott im Wege stehen. Ohne einen spirituellen Führer kann ich eventuell nicht sehen, dass mein größtes Hindernis gerade darin besteht, dass ich mich zu sehr anstrenge, die Hindernisse zu entfernen, oder, während ich die entgegengesetzte Tugend praktiziere, dieses wie ein Gegenschuss wirken kann, falls es sich zum Beispiel um eine Unterdrückung dieses Verlangens handelt, als vielmehr um eine Vermeidung der Sünde.

Die Sexualität muss als etwas Gutes angesehen werden, weil sie uns von Gott gegeben wurde, sie muss bejaht und durch eine höhere Liebe in positive Lebenskraft umgewandelt werden. Ein spiritueller Führer hilft uns zu unterscheiden, ob das, was wir dabei zu tun sind, um Hindernisse zu beseitigen, eine zerstörerische Verleugnung oder eine konstruktive Umwandlung ist.

Nachdem ich versucht habe, diese verwirrenden Gedanken klarzulegen, fühle ich mich ziemlich unwohl. Während einige damit beschäftigt sind, die Hindernisse in ihrem spirituellen Leben aus dem Wege zu räumen, und tiefer in ihrer Liebe zu Gott vordringen, werden andere beim Lesen aufgeregt sein und sich Sorgen darüber machen, ob sie hart genug an sich, oder ob sie überhaupt an den richtigen Hindernissen arbeiten. In ihrer Anstrengung, diese Hindernisse zu beseitigen, werden sie beinahe skrupellos und wie manisch besessen, so dass sie dabei Gott aus den Augen verlieren. Ich denke an die tröstenden Worte von Jesus, zum Beispiel „Euer Herz lasse sich nicht verwirren … Im Haus meines Vaters gibt es viele Wohnungen“ (Joh 14,1–2).

(In der ganzen Zeit, während Pater Murray sprach, spürte ich, wie eine unsichtbare Kraft von seinem Wesen ausging, so als würde er die Person vor ihm ganz annehmen und mit seinem Herzen umarmen. Dabei wirkte er gleichzeitig sanft und bescheiden. Ich kann mir vorstellen, dass es den Studenten leichtfällt, sich ihm gegenüber zu öffnen und ihm ihre Probleme anzuvertrauen.)

Haben Sie als Priester vor irgend etwas Angst, seien es Prüfungen, Herausforderungen oder sich zu verlieben?

Natürlich. Wissen Sie, vor allem nach dem Zweiten Vatikanischen Konzil glaubten viele von uns, dass die Dinge sich sehr verändern würden, mehr als es aber dann in Wirlichkeit der Fall war. Es gab Spekulationen, und man glaubte, dass sich viele Beziehungen entfalten würden. Deshalb gab es damals in dieser Zeit viel mehr Versuchungen. Wir sind mit Sicherheit mit einer Unzahl von Kämpfen konfrontiert worden, weil viele Priester und Geistliche sich verliebten und sich diesen Problemen stellen mussten.

Ist Ihnen persönlich das auch passiert oder sprechen Sie im allgemeinen?

Ich spreche nicht von mir selbst, obwohl ich mich tatsächlich verliebte, und ich musste mich entscheiden, ob ich im Priesterstand bleiben oder gehen sollte, wie es so viele von meinen Mitbrüdern getan hatten. Es war ein wunderbares Geschenk, verliebt zu sein und dann herauszufinden, was es bedeutete, und wem mein Herz letzten Endes wirklich gehörte. Ich war auch ein Berater für Priester, und viele von uns, vor allem in den 60er Jahren, sind fortgegangen, um die geliebte Person zu heiraten. Für uns, die im Orden blieben, war es sehr schwierig mitanzusehen, dass uns so viele Brüder verließen. Wir fragten uns immer wieder: „Sollen wir auch fortgehen? Warum sind wir hier?"

Einige unserer besten Männer gingen, um zu heiraten, und wir fingen an, in unseren Köpfen und Herzen Zweifel zu hegen, ob das Priestertum wirklich die richtige Lebensform für uns war. Wir haben darum gerungen, zu einem Leben des Zölibats wirklich ja zu sagen und es anzunehmen. Meine persönliche Meinung ist in der Tat die, dass man den Priestern, die heiraten wollen, die Möglichkeit geben sollte, diese Wahl zu treffen. Es würde immer noch diejenigen geben, die das Leben in einer Gemeinschaft wählen und das Gelübde der Keuschheit ablegen.

Was verstehen Sie darunter, ein Sünder zu sein? Was würden sie als Sünde bezeichnen?

„In Gott zu sein", bedeutet mit der ganzen Schöpfung versöhnt und mit Gott und Seiner Schöpfung in Liebe verbunden zu sein. Sünde ist all das, was die Bindungen zu dieser Liebe zerstört, was die Einheit mit der Schöpfung zerstört, das, was uns von Gott trennt, was uns von uns selbst und von anderen trennt, das ist Sünde. Die Sünde besteht darin, sich mit jenen Machtstrukturen der Gesellschaft zu verbinden, die die Menschen trennen, die Kriege verursachen, die die Völker voneinander trennen.

Sünde ist, die Verbindung der Liebe zwischen Menschen und Gott, zwischen Menschen und sich selbst, den Menschen und der Schöpfung zu trennen. Das verstehe ich unter Sünde. Wie Sie wissen, besteht das Herz des Evangeliums darin, Gott mit ganzem Herzen, mit ganzer Seele und mit ganzer Kraft zu lieben, und seinen Nächsten wie sich selbst. All das, was dieses Band der Liebe zerstört, ist Sünde.

In den Kirchen hören wir immer wieder, dass wir arme Sünder sind, dass wir beichten und bereuen sollen, und nicht so sehr, dass wir Gott loben und Ihm danken, und Ihn als Liebe, als Licht und als Freude sehen sollen. Sprechen Sie persönlich oft über die Sünde?

Ich betone die Sünde nicht, weil ich glaube, dass die Menschen schon zuviel Schuldgefühle und zuviel Selbsthass haben. Es ist wichtig für die Menschen zu hören, wie sehr sie von Gott geliebt werden, und dass die Liebe Gottes größer als ihre Sünde ist, was auch immer ihre Sünde sein mag. Wenn wir uns darauf konzentrieren, Sünder zu sein, dann konzentrieren wir uns auf uns selbst, und dann häufen wir eine Sünde auf die andere und wieder auf die andere. Das ist nicht, was Gott will.

Es gibt so viele Religionen auf der Welt. Was denken Sie über sie?

Ich denke, dass alle Religionen die Menschen zu Gott führen können, und dass es Heilige in allen Religionen gibt, weil Religion „religio" Verbindung bedeutet, ein Band zwischen Gott und den Menschen. Auch wenn ich als Christ glaube, dass Christus der Weg, die Wahrheit und das Leben ist, so glaube ich auch aufgrund der Menschwerdung von Christus, dass jeder, der Gott oder seine Nächsten lieben möchte und in seiner Religion einen Weg dazu findet, Gott findet und Gott ihn.

Hat sich in Ihrer Beziehung zu Gott irgend etwas geändert, nachdem Sie ein Franziskaner wurden?

Ich glaube, dass ich, als ich jünger war, vieles aus Angst getan habe. Ich hatte Angst, Gott zu beleidigen, ich hatte irgendwie Angst vor Gott. Aber diese Angst verwandelte sich in Liebe, und jetzt ist meine Beziehung zu Gott so wie eine große Liebesbeziehung. Ich spreche den ganzen Tag über mit Gott, so wie ich mit einer Geliebten sprechen würde. *(Seine Augen beginnen wieder zu funkeln ...)* Manchmal drücke ich Gott gegenüber meine Enttäuschung aus, so wie ich es bei einer Geliebten tun würde, oder ich teile Ihm meine Begeisterung oder meine Freude mit und sage, wie tiefbewegt ich bin, mit Ihm zusammen zu sein, und wie sehr ich mich an Ihm berausche.

Es ist keine wirkliche Liebe, wenn alles immer schön ist und man sagt: „Danke, Gott, für das Leiden, danke, dass es Krieg gibt, danke …" Nein, nein, nein. *(Seine Stimme ist sehr entschieden.)* Die Dinge sind nicht immer in Ordnung, und es ist wichtig, Gott zu sagen, wie wir uns tatsächlich fühlen. Gott und ich, wir reden über solche Dinge, ich spreche über alles mit Gott, weil ich Gott liebe.

Natürlich weiß ich nicht, was Gott denkt – niemand kennt den Geist Gottes –, aber ich kann mich zumindest auf diese Weise mitteilen. Eine Beziehung zu Gott zu haben, das ist etwas sehr Persönliches und Wirkliches, und ich versuche, das zu betonen und zu predigen. Der hl. Franziskus benutzt ein Bild aus dem Evangelium und sagt, dass wir alle Gott gebären können, dass wir alle schwanger mit Gott sind. Meine Rolle als Franziskaner und als Priester ist die einer Hebamme, ich versuche, Gott, der in den Menschen ist, hervorzubringen, den besten Teil von ihnen ans Licht zu bringen, weil Gott die Menschen liebt, Gott hat sie erschaffen, Gott ist für sie gestorben, sie sind gut, sie sind schön, weil Gott sie erschaffen hat. Und ihre Sünden sind nichts verglichen mit der Liebe Gottes.

Viele Heilige haben Gott im Leiden gefunden, weil sie sich dabei mit Jesus Christus so verbunden fühlten. Glauben Sie, dass es notwendig ist, um ein Heiliger zu werden, dass man durch Phasen tiefen Leidens gehen muss?

Um ein Heiliger zu werden, ist es mit Sicherheit nicht notwendig, das Leiden zu suchen. Das ist masochistisch, Sie wissen schon, Selbsthass, Selbstkasteiung ... Ein Heiliger zu sein, bedeutet das Leiden im Leben anzunehmen, und das ist nicht einfach. Sogar ein Heiliger kämpft gegen das Leiden an, und er fragt sich, warum geschieht das gerade mir, warum muss ich soviel leiden, und warum hat es mir Gott geschickt ... aber das Kreuz ist nun einmal das Zentrum der Welt, denn jeder leidet.

Kann man Ihrer Meinung nach Gott auch in der Freude und ständig anwachsender Liebe finden, in tiefer Meditation und tiefem Gebet, durch Hingabe, Mitgefühl, und durch Dienst am Nächsten sowie in der Bemühung, die Gebote zu befolgen?

Ja, selbstverständlich! Aber man kann auch im Leiden Freude erfahren. Der hl. Johannes vom Kreuz sagt, dass die Auferstehung im Kreuz selbst bereits enthalten wäre, und zwar in dem Moment, wo man sich dem Willen Gottes übergibt. Ich persönlich sehe nicht so sehr einen Wert darin, dass man sich dem Leiden ausliefert, weil Leiden schrecklich ist, aber sich dem Willen Gottes zu ergeben, das ist etwas anderes: „Dein Wille geschehe", was immer Gott will, und ich glaube an die Worte, die Dante am Ende der „Göttlichen Komödie" sagt: „... in Sua volontade è nostra pace" (das bedeutet: in Seinem Willen liegt unser Friede).

Während einer langen Zeit physischen Leidens gehen die Menschen durch unterschiedliche Phasen. Manchmal beten sie und bitten Gott um Heilung, sie nehmen alle erdenklichen Medikamente ein, sie wiederholen positive Affirmationen, sie sind voll Hoffnung und wollen die Krankheit besiegen. Es scheint nicht einfach zu sein, alle Wünsche aufzugeben, um gesund zu werden und zu sagen: „Dein Wille geschehe".

Gott möchte, dass wir Heilung erfahren, und wir versuchen alles, um Genesung in unser Leben zu bringen. Aber wenn es offensichtlich wird, dass es keinen Ausweg im Endstadium einer Krankheit oder aus einem Leiden gibt, dann ist das der Punkt, an dem man sich ergeben muss; nicht gleich am Anfang, indem man sagt: ich will nicht zum Doktor gehen, ich will keine Medikamente nehmen. Es ist nicht richtig, bereits an diesem Moment aufzugeben, wir müssen unsere Krankheit bekämpfen.

Zu welchem Zeitpunkt sollten wir uns ergeben?

Es ist der Moment, wenn es dir und anderen offensichtlich wird, dass es keine Heilung gibt. Die hl. Theresa von Avila sagte etwas, das für mich wirklich sinnvoll erscheint: „Wir sollten arbeiten, als ob alles von uns abhängig wäre, und wir sollten beten, als ob alles von Gott abhängig wäre" *(er lacht)*.

So fahren wir fort zu beten, wir beten weiter, aber für mich liegt der Sinn darin, dass wir nie aufhören uns zu bemühen, zur Ganzheit zu gelangen, zu versuchen, heil zu werden und sich dem Willen Gottes zu ergeben. Aber zur gleichen Zeit bitten wir um ein Wunder, wir bitten darum, dass sich etwas verändert, aber wo ist der Punkt ... wer weiß es? Es ist ein sehr feiner Punkt, und er ist sehr individuell für jeden.

Wir müssen in diesem Sinne bis zum allerletzten Atemzug daran arbeiten. Wir können in den Schriften der hl. Therese von Lisieux sehen, dass sie während ihrer ganzen Krankheit kämpfte. Es ist eine reelle Erfahrung, sich von Gott verlassen zu fühlen. Schauen Sie auf Jesus: „Mein Gott, mein Gott, warum hast du mich verlassen?" Und es geht weiter: „Vater, wenn du willst, lass diesen Kelch an mir vorübergehen!" Aber weil es Gottes Wille war, und es keine andere Lösung mehr gab, ergab er sich.

Es ist so schwierig, an die Liebe Gottes zu glauben, wenn man von Dunkelheit umgeben ist. Viele Heilige gehen durch die dunkle Nacht der Seele. Kennen Sie sie?

In meinem eigenen Leben habe ich zwölf Jahre lang in diesem Zustand gelebt. Es war eine lange Zeit, diese innere Leere zu spüren, in der Gott nicht existierte, und nur Kälte zu spüren. Ich musste an meinem Glauben festhalten und glauben, glauben, glauben. Habe ich zwölf Jahre gesagt? Nein, es waren neun Jahre, zwölf Jahre dauerte die Dunkelheit für Theresa.

Es ist sehr, sehr schwierig, du weißt nicht, wann Gott wiederkommen wird. Und Gott ist nie wieder in der Weise zurückgekehrt, wie ich ihn zur Zeit meiner Bekehrung als Knabe gespürt hatte, als meine Beziehung zu Gott so tief war. Aber wir leben weiter, wir können aufbauen auf dem, was wir erfahren hatten; ich vergleiche das mit jeder Liebesbeziehung. Ich hatte meine Flitterwochen mit Gott, als ich in Gott verliebt war, und für den Rest meines Lebens galt es, zu lieben, zu lernen, die Liebe zu praktizieren, und zwar mehr, als in der Begeisterung zu leben, die die Freude der Flitterwochen mit sich bringt.

Der Grund dafür ist, dass eine Beziehung zu Gott wie eine Beziehung zu anderen Menschen ist. Es ist eine Liebesbeziehung, deshalb geht sie durch ähnliche Dinge, wenn wir fühlen, dass Gott uns verraten hat, wenn wir fühlen, dass Gott uns nicht mehr liebt, wenn wir fühlen, dass Gott nicht mehr da ist. Und dann erfahren wir, dass Gott zurückkommt, wir erfahren das, wir halten an diesem Glauben fest, denn die anfängliche Erfahrung der Bekehrung hinterlässt eine unzerstörbare Erinnerung in uns, wir wissen, dass Gott da ist. Und dann leben wir für den Rest unseres Lebens aus dem Glauben dieser Erfahrung. Wissen Sie, ich glaube, die Geschichte vom hl. Paulus stimmt. Gott war jeden Tag da, aber Gott war nicht in dieser mächtigen Art und Weise da, als Paulus auf dem Weg nach Damaskus vom Pferd fiel.

Alle Heiligen verkünden, dass Gott immer bei uns ist. Jeden Tag … zu jeder Zeit … im Gebet … in der Stille … wo auch immer wir sind … was auch immer wir tun … wir können Ihn treffen, vor allem in dem Augenblick, wenn wir die Eucharistie empfangen. Nach all diesen Jahren der Priesterschaft und der täglichen Messe, was bedeutet es für Sie, die hl. Kommunion zu empfangen?

(Pater Murray Bodo scheint einen Moment in sich zu gehen; als er antwortet ist seine Stimme klar.) Die Messe ist das Zentrum meines Lebens. Jede Messe bedeutet für mich das Wiedererleben der Passion, das Sterben und die Auferstehung Christi. Ich nehme Teil am Leidensweg, der in jedem unserer Leben vorhanden ist: das Sterben und die Auferstehung. Für mich bedeutet der Moment der Konsekration,

dass Jesus in seiner Fleischwerdung in der Eucharistie zu uns kommt.

Ich werde Gott nie näher sein, als wenn ich Ihn in der Eucharistie empfange, nie. Auch im Himmel, obwohl ich Gott dann sehen werde, werde ich Ihm keineswegs näher sein, als in der hl. Eucharistie, denn das ist der Augenblick der Intimität mit Gott. Aber im Himmel werden uns viele Dinge in der Ewigkeit offenbart, die wir jetzt noch nicht kennen …

Wenn Sie einen Wunsch äußern könnten, was wäre das?

Was mich betrifft, so wünsche ich mir, ehrlich zu sein; ich wünschte mir, ein wirklich bedeutendes und umfangreiches Buch über die Güte Gottes zu schreiben. Ich wünschte, ich könnte das, und ich versuche immer wieder etwas zu schreiben, das die Menschen fühlen lässt, dass Gott ihnen nahe ist und sie liebt. Wissen Sie, ich denke immer daran, wie man etwas schreiben kann. Wenn ich wirklich einen großen Wunsch hätte, bevor ich sterbe, dann wäre es der, dass Gott mir eine tiefere Einsicht in Seine Liebe für uns gibt.

Ich wünschte mir, ich könnte das in einem Roman ausdrücken, denn ich weiß, wie sehr die Menschen durch Romane berührt werden. In einem großen Roman wie zum Beispiel Dostojewskis „Brüder Karamazow“ werden sich die Menschen des Mysteriums bewusst, wie Gott unter ihnen wirkt. Ich wünschte mir, dass mir das gelänge. Ich habe versucht, es in meinen Gedichten auszudrücken und in allen meinen spirituellen Büchern. Wenn ich einen Wunsch hätte, dann wäre es dieser, aber ich bin vollständig mit dem zufrieden, was Gott mir in meinem Leben gegeben hat.

Ich danke Gott für die Gabe, Worte so gebrauchen zu können, dass sie die Herzen erheben. Ich habe weder unter Leprakranken noch in Missionen gearbeitet, aber ich bin berufen worden, zu unterrichten und zu schreiben, auf irgendeine Weise über die Güte Gottes und Seinen Plan für uns, zu schreiben. Ich wünschte mir, noch eine größere Einsicht zu bekommen, dass ich besser verstehen könnte, was Gott in Seiner Liebe mit uns vorhat.

Ich glaube eigentlich nicht, dass ich von Gott mehr erbeten könnte, als Gott mir gegeben hat und noch gibt. Er hat mir wunderbare Eltern geschenkt, die jetzt beide im Himmel sind; meine Mutter war eine Heilige, sie ist eine Heilige, jeder der sie kannte, sagte es. Ich habe eine wundervolle Berufung erfahren, nämlich in den Fußstapfen von Franziskus zu treten. Ich habe eine Gabe erhalten, so viele Gaben, damit ich in der Lage bin, den Menschen zu dienen und ein Lehrer und Schriftsteller sein zu können.

Gott hat mir so viele Segnungen und Vorzüge zukommen lassen, ich weiß nicht, was ich noch von Gott erbeten könnte, was Er mir noch nicht gegeben hat, vor allem das Geschenk von Jesus Christus, das ist genug für mich. Natürlich würden wir alle gerne das, was wir tun, besser machen, um Gott näher zu sein, um besser und tiefer beten zu können, usw. Ich weiß nicht, um was ich bitten würde, weil Gott mir Jesus Christus gegeben hat, Er hat mir das Leben gegeben, Er hat mich erlöst, Er liebt mich, Er hat mir das Versprechen des ewigen Lebens gegeben.

Ich danke Ihnen, Pater Murray!

Ist das alles? *(Er schaut mich mit großen Augen an...)*

Ja, das ist genug! (Wir fangen beide an zu lachen.) Keine Fragen mehr!

Wir stehen von unseren Stühlen auf, ein Zeichen, dass das Interview nun zu Ende ist. Seine Augen strahlen, und mit einem schelmischen Blick fügt er hinzu: ... natürlich wünsche ich mir, dass all meine Bücher ins Italienische übersetzt werden.

Pater Murray zwinkert mir zu und verabschiedet sich fröhlich mit dem Satz: „Ingrid, es wird spät, meine Gruppe wartet auf mich … wir werden uns wiedersehen …“, und mit schnellen, sportlichen Schritten geht er die Stufen des Dachgartens hinunter und verschwindet im Haus.

Ich bleibe im Garten … lege mich auf das grüne Gras … schaue hoch hinauf in den Himmel … ist das Interview wirklich schon vorüber? Hatten wir nicht gerade erst begonnen …? Am Himmel ziehen langsam Wolken vorüber … alles ist in Bewegung … nichts bleibt bestehen … Nur Er wird immer da sein … ich schaue hoch hinauf in den Himmel …

Schwester Maria Coletta

„Fortlaufen wie die hl. Klara“

Wir lernten uns bei einem Konzert in Assisi kennen. Sie saß direkt neben mir: eine Klarissin aus den Philippinen, die seit zwei Jahren in Italien im Kloster lebt und eine besondere Erlaubnis bekommen hatte, an einer Pilgerreise nach Assisi teilzunehmen. Normalerweise lebt sie in Klausur, ohne jemals außerhalb des Klosters gesehen werden zu können.

„Wie schön sie ist, wie rein ihr Ausdruck“, das war mein erster Eindruck, als sich unsere Augen begegneten. Nach dem Konzert gingen wir zusammen nach Hause. Wir unterhielten uns über das Konzert, das wir gerade gehört hatten.

Es überraschte uns, dass wir die Vorliebe für die gleichen Komponisten der Klassik teilten. Wir fühlten uns wie verzaubert und bewunderten die Schönheit dieser warmen Sommernacht. Plötzlich fing Schwester Coletta an, Gott und Seine Schöpfung zu preisen. Sie war sehr bewegt, als sie von Jesus sprach. Ihr Gesicht leuchtete: „Das Paradies ist schon hier …“, flüsterte sie, „denn Gott ist hier in diesem Augenblick …“

Sie nahm meine Hand, so als ob wir uns schon lange kennen würden. Und noch einmal betrachteten wir den Himmel, den Mond und die Sterne. Wir brauchten nicht mehr zu sprechen. Wir verweilten – ich weiß nicht wie lange – in dieser Stille. Was für eine wunderbare Nacht! Ich wollte diese geheimnisvolle Frau, die im Kloster in der Klausur lebt und dennoch so in Gottes Schöpfung verliebt ist, gerne näher kennenlernen. Als ich sie um ein Interview bat, um mir von ihrem Leben zu erzählen, sagte sie begeistert zu. Es war ihr eine große Freude, über Gott sprechen zu können.

„Ich liebe dich Jesus ... seit Jahren wiederhole ich unentwegt diese Worte ... oft spüre ich Seine Antwort wie Wellen der Glückseligkeit, die mich einhüllen ..."
Schwester Maria Coletta

Am nächsten Tag trafen wir uns in dem großen Garten des Gästehauses, in dem sie gerade wohnte. Alles erschien mir wie ein Gemälde. Wir saßen unter dem grünen Blätterdach eines großen Baumes, um uns vor der heißen Sonne zu schützen. Da saß sie vor mir, mit ihren großen braunen Kulleraugen, den kräftigen Kinderbäckchen, einer blassen Hautfarbe und einem herzförmigen Mund. Ihr Kopf war eingerahmt von dem weißen Tuch der Klarissinnen, das von einer schwarzen Schwesternhaube überdeckt wird. Die Schwester lächelte sanft, und ich hätte sie gerne umarmt und diese Reinheit, die von ihr ausging, in mich eingeatmet. Bevor wir begannen, betete die Schwester, und danach verweilten wir noch einige Minuten im Schweigen.

Schwester Coletta, ich habe die Möglichkeit, mich vollkommen ungezwungen und frei mit einer Klarissin zu unterhalten! Das ist nicht selbstverständlich für mich, im Gegenteil, ich bin dir sehr dankbar, dass du bereit bist, über dein Leben und deine Berufung zu sprechen. Deshalb betrachte ich unsere Begegnung als ein wunderbares Geschenk von Gott. (Die Schwester nickt bejahend mit dem Kopf, sie scheint genauso glücklich zu sein wie ich.) Schwester Coletta, zunächst würde ich gerne etwas über deine Familie erfahren.

Ja, gerne! Ich stamme aus einer kinderreichen Familie, die immer fröhlich war. Ich habe acht Geschwister, vier jüngere und vier ältere. Ich bin im Jahr 1964 im südlichen Teil der Philippinischen Inseln geboren. Als Kind war ich kränklich. Als meine Mutter mit mir schwanger war, hatte sie viele Krankheiten, so dass ich alle ihre Krankheiten geerbt habe. Ich durfte als kleines Kind nicht auf dem Erdboden spielen, und ich durfte, weil ich Asthma hatte, auch nicht aus dem Haus gehen, und so schaute ich meinen Geschwistern, die draußen spielten, vom Fenster aus zu.

Ab und zu kamen meine Cousins zu Besuch. Sie kamen und spielten mit meinen Geschwistern, und ich hätte mir so sehr gewünscht, mit ihnen zu spielen, aber ich durfte nicht ... Ich musste im Haus bleiben. Ich war sehr scheu, und ich gehorchte meinen Eltern. Meine Familie war sehr religiös. Um die Wahrheit zu sagen, die Leute glauben, dass mein Großvater ein Heiliger war. Er war ein Heiler, und er konnte an anderen Plätzen erscheinen, während er sich zu Hause befand. Es ist wahr, die Menschen hielten ihn für einen Heiligen.

Eines Tages beugte er sich über meine Großmutter und sagte: „Gott wird mich zu sich nehmen“. Er starb einige

Tage später am Gründonnerstag, während er kniend betete. Kurz bevor er starb, sagte er: „Wenn ich tot bin, macht kein Foto von mir, ihr braucht euch nicht an mich zu erinnern." Das war seine Art zu denken ... dennoch haben wir von ihm nach seinem Tod ein Foto in der Kirche gemacht, aber stell dir vor, man kann ihn tatsächlich nicht darauf sehen ... es gibt nur einige Wolken ...

Wir sind alle durch ihn religiös geworden. Immer wenn ich Zeit hatte, ging ich zu meiner Großmutter Lola. Ich sehnte mich bereits nach Gott, als ich noch ganz jung war, ich wollte Ihn kennenlernen, damals fühlte ich bereits meine Berufung. Meine Familie betete jeden Morgen bei Sonnenaufgang und jeden Abend. Meine Mutter war auch eine Heilerin, sie hatte die Gabe von meinem Großvater bekommen. Während der Karwoche, in der er starb, lehrte er sie fast alles, was er über Heilungen wusste.

Wann hast du zum ersten Mal daran gedacht, eine Nonne zu werden?

Das ist eine lange Geschichte ... Es war zu der Zeit, als ich die Grundschule besuchte. Ich war damals 7 Jahre alt und hatte bis zur Schule einen langen Fußmarsch zu gehen; ich musste dabei an einer kleinen Kapelle des hl. Antonius vorbei. Die Kapelle war sehr einfach. An jedem Tag verweilte ich dort morgens und nachmittags ... na ja ..., ich schaute den hl. Antonius an, und ich fühlte, dass ich mit ihm kommunizierte und dass er mit mir kommunizierte. Weißt du, der hl. Franziskus ist nicht sehr bekannt in unserer Stadt, ich war Anhängerin vom hl. Antonius.

Schwester Maria Coletta schließt einen Augenblick die Augen, so als ob sie die Situation noch einmal erleben würde, dann beginnt sie wieder mit ihrer lieblichen Stimme zu sprechen.

Während ich den hl. Antonius anschaute, spürte ich Freude und Frieden in mir, und ich denke, dass das schon ein Gebet war. Seitdem ich Schwester geworden bin, habe ich gelernt, dass diese Art von Gebet Kontemplation heißt: kein Wort sagen, nur schauen, in Anbetung verweilen und lauschen … das ist Kontemplation. Die Erfahrung dieser Erlebnisse geht in meine früheste Kindheit zurück. In unserer Familie betete und betet man auch noch heute morgens und abends zusammen.

Meine Mutter stand um Mitternacht auf und betete bis drei Uhr morgens. Zu dieser Zeit weckte sie mich immer, aber … ich mochte das nicht … *(Schwester Maria Coletta verbirgt ihr Gesicht hinter ihrer Hand und lächelt verlegen)*. Weißt du, ich war ja noch so klein … ich war nur zwei Jahre alt, ich wollte schlafen, und ich war kränklich, aber trotzdem betete ich den Rosenkranz im Liegen oder Sitzen auf dem Bett mit.

Im Alter von 13 Jahren wollte ich bereits Schwester werden. Zu dieser Zeit ging ich in die Mittelschule. Die Leiterin unserer Schule war außergewöhnlich! Was für eine Nonne! Sie nur anzusehen war schon etwas Besonderes! *(Sie wird ganz aufgeregt und spricht mit hoher Stimme)* Sie trug einen weißen Schleier und ein weißes Ordenskleid ... oh, ich bewunderte sie und wollte so werden wie sie! *(Ich könnte Schwester Coletta unentwegt anschauen, ihre Augen funkeln vor Begeisterung.)*

Ich ging oft in die Kirche. Jeden Sonntag entzündete der Priester den Weihrauch vor dem Unbefleckten Herzen der Madonnen. In unserer Pfarrei hatten wir eine große Statue von Maria. Meine Mutter war der Seligen Jungfrau sehr ergeben, und auch ich fühlte mich zu ihr sehr hingezogen.

Ich musste die Mutter Maria immerzu anschauen, und ihr gewelltes Haar betrachten, es war ganz lang … bis hierher … *(sie macht eine Geste mit der Hand von der Schulter bis zur Hüfte)*. Eines Tages, als ich vor ihr stand, habe ich tief in meinem Inneren ein Versprechen, ein Gelübde abgegeben: Ich wollte mir nie mehr die Haare schneiden lassen, um der seligen Mutter ähnlich zu werden. Ich wollte dem nachfolgen, was ich in Ihr gesehen hatte.

Was hast du in ihr wahrgenommen?

Ich kann das nicht gut mit Worten ausdrücken ... sie ist eine Mutter voller Barmherzigkeit ... jedes Mal hatte ich das Gefühl, als würde ich von ihr, von ihrer Liebe und ihrem Mitgefühl eingehüllt werden... Ich habe mir nicht mehr die Haare schneiden lassen, nur ein bisschen ab und zu; du kannst dir also vorstellen, dass sie sehr lang waren, als ich ins Kloster eingetreten bin.

Mittlerweile war ich dann 17 Jahre alt, meine Eltern wollten, gemäß dem Brauch in meinem Land, meine Heirat arrangieren. Sie hatten einen Jungen ausgesucht, der mein Mann werden sollte. Sie meinten, den Richtigen für mich gefunden zu haben. Ich glaube, dass ich ihn mochte ... Er war ein hübscher Junge, er war gut, aber eines gefiel mir nicht: er hatte keine Pläne für die Zukunft, im Gegensatz zu meinen anderen Freunden.

Meine Eltern und auch die des Jungen hatten es sehr eilig, unsere Hochzeit zu arrangieren. Von Kindheit an habe ich immer meinen Eltern gehorcht, aber dieses Mal sagte ich nein. Ich war doch gerade erst 17 Jahre alt.

Wie ich schon gesagt habe, liebte ich meine Mutter, aber als ich wiederholte, dass ich nicht heiraten wollte, und dass ich die endgültige Entscheidung getroffen hatte, Schwester zu werden, fing sie an zu schreien, und ich rannte von zu Hause weg ... es war entsetzlich ... es kommt mir so vor, als ob ich noch immer ihr Schreien hören würde! Sieh mich an, wenn ich nur daran denke, fange ich zu zittern an.

Ich bin also von zu Hause geflohen und habe bei meiner älteren Schwester Unterschlupf gesucht. Um zu ihr zu kommen, musste ich vier Stunden mit dem Bus fahren, sie wohnte in einer Großstadt. Dort habe ich dann mein Studium fortgesetzt, gleichzeitig begann ich mit einer Tätigkeit für einen An- und Verkaufshandel.

Bevor ich in das Kloster eintrat, hatte ich bereits drei Geschäfte, und meine Mutter war sehr stolz auf mich ... sie war auch besitzergreifend, sie war deshalb so, weil sie meinen Wunsch nach Selbständigkeit spürte ... und sie wollte immer, dass ich heirate. Ich fragte sie, was sie sagen würde, wenn ich einen Mann heiratete, der in den Vereinigten Staaten oder in einem anderen Teil der Welt wohnen würde. Sie sagte, dass das in Ordnung sei, vorausgesetzt, dass es jemand wäre, der sich um mich kümmerte. Ich wies sie darauf hin, dass sich in einem Kloster die Gemeinschaft um mich kümmern würde. Aber vielleicht wollte sie nur Kontrolle über mich haben. Es war das erste Mal, dass ich ihr barsch antwortete.

Mein Vater half mir dann, die notwendigen Schritte zu unternehmen, um diesen „Sprung“ aus der Welt zu Jesus zu schaffen. Ich habe meinen Vater sehr geliebt. Wenn er seinen Kindern Ratschläge gab, war er so ruhig und sanft, er machte nicht viele Worte. Wir vergötterten ihn; er war so ein unvergleichlich guter Vater.

Im Alter von 19 Jahren bin ich in den Orden der Armen Klarissen eingetreten. Ich wollte unbedingt eintreten: ich hatte so genug von den Jungen. Wo immer ich auch hinging, machten sie mir den Hof, ich wollte nichts mehr von ihnen wissen.

Wie haben deine Eltern reagiert, als du ins Kloster eingetreten bist?

Damals gab es viele Frauen, die den Wunsch hatten, in dieses Kloster einzutreten. Es war von unserem Haus weit entfernt, ich brauchte drei Tage und zwei Nächte, um dorthin zu kommen. Ich unternahm die Reise mit einem anderen Mädchen, das schon dort gewesen war und zwei Monate die Erfahrung gemacht hatte, in einem Kloster zu leben. Ich habe es dir schon einmal gesagt, aber es stimmt: Seit dem Moment, an dem ich von zu Hause fortgelaufen bin, höre ich bis zum heutigen Tag den Schrei meiner Mutter. Das ist der Grund dafür, warum ich hier in Assisi gefühlsmäßig so labil bin. Ich habe mit einem der Brüder gesprochen ... hier in Assisi ... Ich denke so oft an die hl. Klara, auch sie ist damals von zu Hause fortgelaufen ... ich fühle mich ihr ganz eng verbunden.

Das Leben in einer Gemeinschaft ist ganz anders als das Leben in der Familie. Zuerst war alles sehr schwierig für mich. Wie schon gesagt, ich war ein kränkliches Kind, und meine Mutter hatte mich immer umsorgt: ich konnte nicht ohne ihre Massage einschlafen; ich sehnte mich nach ihr, nach ihrer liebevollen Zuwendung, die ich im Orden vermisste. Ich glaube, dass ich während der Zeit als Postulantin zehn Mal um die Erlaubnis gebeten habe, herausgehen zu dürfen. Diese Zeit des Postulats dauert ein Jahr, sie wurde für mich aus diesem Grund um drei Monate verlängert.

Während meines Postulats gab es einen Priester, einen Kapuziner, der sich vor der Kommunion immer über mich lustig machte und sagte: „Wieso rutscht denn dein Schleier deinen Rücken hinunter?“ Ich wollte wirklich die Anwesenheit des Herrn spüren, er aber neckte mich wegen meiner Haare ... und das mochte ich nicht. Doch dann, nachdem ich die Profess abgelegt hatte, war er nicht mehr mein Kaplan.

So viele Erinnerungen ...

Das glaube ich dir, das sind Erinnerungen, die man nicht vergessen kann. Auch als Franziskus und Klara ihr Elternhaus verließen, fingen ihre Eltern an zu schreien. Was für eine Rolle nehmen Franziskus und Klara in deinem Leben ein?

Als ich mich in der Zeit der Ordensausbildung befand, fing ich an die hl. Klara zu lieben. Später, nachdem ich die Gelübde in der ewigen Profess abgelegt hatte, habe ich auch begonnen, den hl. Franziskus zu bewundern. Besonders jetzt zum Beispiel, wo ich außerhalb des Klosters bin, fühle ich mich Franziskus sehr verbunden.

Als Klarissinnen folgt ihr den Gelübden der Armut, der Keuschheit und des Gehorsams. Was verstehst du unter „Armut"?

Wir haben auch das Gelübde der Klausur ... Es gibt viele Definitionen von Armut. Ich verstehe darunter den Aspekt der Armut des Geistes. Das bedeutet, ich bemühe mich, keine eigenen Gedanken und materiellen Wünsche zu haben, ich liefere mich Gott vollkommen aus, so dass Sein Wille zu meinem Willen wird ... das ist die wirkliche Armut, und ich glaube, dass man dieses Gelübde nicht von den anderen Gelübden trennen kann.

Ich würde sagen, dass ich mit den Gelübden keine Schwierigkeiten habe. Da ich daran gewöhnt war, meinen Eltern zu gehorchen, habe ich auch keine Schwierigkeit, im Orden zu gehorchen. Und da ich nicht heiraten wollte, habe ich absolut keine Schwierigkeit, die Regel der Keuschheit einzuhalten. Die Essenz der Keuschheit besteht darin, ein reines Herz zu haben, und wenn man reine Gedanken hat, ist man Gott nahe ...Ich erlebe die Armut des Geistes und die Fülle in Gott.

Wie sieht der Tagesablauf in einem philippinischen Kloster aus? Ist er anders als in Italien?

Oh ja, er ist anders.

Um 3.45 stehen wir auf. Wir beginnen mit Gymnastik, ein paar Tätigkeiten für die Gemeinschaft, wir bereiten uns auf den neuen Tag vor, und wir haben Zeit für die Morgentoilette.

Um 4.30 treffen wir uns in der Kapelle für die Laudes, das Morgengebet, die Meditation, die „Lectio divina“ und die Kontemplation.

Um 6.00 ist Messe, danach folgen das Frühstück und die Aufgaben, die innerhalb der Gemeinschaft anfallen.

Um 9.00 beten wir die Terz, danach arbeiten wir.

Um 11.00 ist das Mittagsgebet.

Um 11.30 gibt es Mittagessen, und jeder versenkt sich im Gebet über die „fünf Wunden“ Jesu am Kreuz.

Um 13.30 findet ein gemeinsames Gebet statt, es folgen einige Arbeiten, später ein ununterbrochenes Gebet während des ganzen Nachmittags.

Jeden Tag treffen wir uns sieben Mal zum gemeinsamen Gebet. Wir haben auch eine Anbetung von 24 Stunden, in der wir nur eine halbe Stunde vor Beginn der Messe aufhören, und nach der Messe fahren wir mit der Anbetung wieder fort. Es gibt kaum Zeit zum Ausruhen oder zum Schlafen.

Von 22.00 bis 24.00 Uhr sind wir zum Mitternachtsgebet auf den Beinen. Das ist wunderbar. Oh, ich liebe das Mitternachtsgebet. Es ist das Gebet für die Welt, während die meisten Menschen schlafen, beten wir für sie. Das vermisse ich hier in Italien, es wird nicht um Mitternacht gebetet. Und man steht morgens nicht so früh auf.

Das sind Stunden und Stunden des Gebetes. Kann es passieren, dass du dich langweilst oder dass du denkst: „Nun ist es genug ...“?

Ja, natürlich, aber auch das gehört dazu, es ist ein schwacher Punkt im Leben. Das bedeutet für mich, dass ich mein Gebet noch vertiefen muss. Manchmal habe ich keine Lust aufzustehen, um mich mit den anderen zu treffen, und ich würde es vorziehen, allein zu beten, aber wir müssen uns an das Programm halten, denn wir führen ein Leben in der Gemeinschaft. Auch das gehört zur Armut des Geistes.

Schwester, im Kino sieht man manchmal Schwestern, die sich umarmen und küssen. Glaubst du, dass das auch in der Wirklichkeit vorkommt oder dass es geschehen könnte?

Ja natürlich! Der Mensch braucht das. Es ist keine Sünde. In der Vergangenheit war das verboten. Aber heutzutage nicht mehr. Wir Menschen brauchen das vom psychologischen und körperlichen Gesichtspunkt her. Als ich ins Kloster eingetreten bin, war es sogar verboten, sich an der Hand zu halten. Wir mussten in ein anderes Zimmer gehen. Es war nur möglich, nachdem wir die Erlaubnis dazu erhalten hatten, alles musste erlaubt werden. Einige haben sich im geheimen geküsst.

Geschieht es, dass sich Schwestern ineinander verlieben?

Ja, das kommt vor, aber ich glaube, dass dies vom Leben abhängt, das man geführt hat, bevor man ins Kloster eingetreten ist. Wenn man zu der Zeit, als man noch „draußen“ in der Welt lebte, solche Erlebnisse nie hatte, kann es geschehen, dass ganz plötzlich diese Gefühle auftauchen, und es kommt zu dem Moment, dass man sich in eine Frau oder einen Mann verliebt. Ich glaube, in jedem von uns ist ein weiblicher und ein männlicher Teil vorhanden, und wenn diese zwei Teile nicht im Gleichgewicht sind, dann hat man das Bedürfnis, den notwendigen Ausgleich zu finden.

Zum Beispiel was mich betrifft, so ist mein weiblicher Teil mehr entwickelt, dagegen der männliche Teil weniger, und deshalb wünsche ich mir manchmal, einen Mann in meiner Nähe zu haben, um die maskuline Seite zu spüren. Das geschieht jedem von uns. Wenn das Gleichgewicht fehlt, dann wünscht man sich, den fehlenden Teil zu ergänzen. Auch wir sind nur menschliche Wesen, wir sind keine Engel, und deshalb verlieben wir uns auch. Im Gegenteil, wir leben sogar in der Erwartung, uns zu verlieben, denn Gott selbst ist die Liebe ...

Bis ich Postulantin wurde *(die Schwester hebt ihre Stimme, lächelt und versucht sich mir verständlich zu machen)*, habe ich von meiner Familie viel Liebe und viele Zärtlichkeiten bekommen. Meine Mutter und meine Schwestern waren mein Halt, und wie du weißt, haben wir zu Hause ein tiefer-fülltes, religiöses Leben geführt. Und da ich so sensibel bin, habe ich immer gespürt, wenn sich eine Schwester im Kloster nach einer Umarmung oder nach Zärtlichkeiten sehnte, und deshalb habe ich ihr gegeben, was sie brauchte ...

Schwester, ich würde gerne wissen, ob es etwas in deinem Leben gibt, wovor du Angst hast?

Eine Zeit lang wurde ich so von Reue und Traurigkeit gequält, und auch jetzt kommt das noch manchmal vor ... *(die Schwester weint beinah)*. Ich würde so gerne einmal nach Hause gehen, das ist das einzige, was ich mir wünsche. Ich sehne mich nach meiner Familie, nach meinen Brüdern und Schwestern und vor allem nach meiner lieben Mutter, aber sie ist vor ein paar Jahren gestorben, und ein Jahr später folgte ihr mein Vater.

Ach, wenn ich doch nur ein wenig mit meinen Brüdern und Schwestern und mit all meinen Neffen und Nichten zusammensein könnte. Wir hatten soviel Spaß in der Familie. Sicher, den können wir auch hier in der Gemeinschaft haben, aber das Band innerhalb der Familie ist stärker ... Das ist die einzige Versuchung! *(Da sitzt sie vor mir mit ihren traurigen Augen, wie ein kleines Mädchen ... Ach, wenn ich ihr doch die Erlaubnis geben könnte, ihre Familie zu besuchen!)*

Wäre es möglich, aus dem Orden auszutreten und nach einer gewissen Zeit wieder einzutreten?

Nein, das geht nicht, ich werde den Priester um Rat bitten und seinen Vorschlägen folgen, und ich werde beten … ich erschrecke, wenn mir solche Gedanken kommen. Ich hatte die Möglichkeit, mit dem Priester zu sprechen, der diese Pilgerreise leitet, aber es war nicht möglich, die Unterhaltung zu Ende zu führen, da er zu beschäftigt war.

Wenn du die Möglichkeit hättest, in deinem Orden etwas zu verändern, was wäre das?

Es gibt einige Dinge, die man ändern müsste. Das hängt vom Land und seiner Kultur ab. Zum Beispiel: Ich komme aus den Philippinen, und nun bin ich in Italien. Im täglichen Leben der Schwestern gibt es einen großen Unterschied. Ich würde zum Beispiel die Art zu beten ändern. In meiner Gemeinschaft auf den Philippinen habe ich verschiedene Arten von Gebet gelernt: verbales Beten, mentales Beten und lange Zeit in Stille und im Hören verweilen, und die Kontemplation.

Hier in Italien wird soviel laut gebetet, wir beten in der Kirche zusammen das Stundengebet und den Rosenkranz. Man kann auch den Rosenkranz beten, indem man ihn nur betrachtet und ihn geistig erfährt. Ich würde gerne den Schwestern das kontemplative Beten beibringen, um in die Tiefe der Stille einzutreten, aber sie verstehen nicht, wovon ich spreche. Das kontemplative Beten ist ein Reichtum, es bringt uns in die Gegenwart Gottes.

Welcher ist der schönste Teil des Gebets für dich?

Die Kontemplation. Ich stehe nicht gleich nach dem Gebet auf. Ich bleibe sitzen … und Er ist da … ich spüre es … Ich habe gebetet … und nun möchte Er antworten … Er spricht zu mir, er erfüllt mich mit Liebe … Er erfüllt mich mit Frieden … Er erfüllt mich mit Freude … Ich mache keinerlei

Anstrengung. Wir selbst tun nichts in der Kontemplation, es ist Gott, der uns berührt... Es ist Gott, der uns mit Entzücken erfüllt...

Ich habe darüber mit den armen Mitschwestern in meiner Gemeinschaft in Italien gesprochen, die weit von Assisi entfernt wohnen, sie sind an das verbale Beten gewöhnt, sie sprechen und sprechen. Aber wie kannst du Gott hören, wenn du nicht in der Stille verweilst? Und wenn dein Herz nicht in Frieden ist und du der Stille nicht genug Zeit schenkst, dann kannst du nicht in die tiefste Stufe des Gebetes vordringen. In der Kontemplation tauche ich in Gott ein ... „Gott wohnt in mir und ich in Ihm“ ... *(Schwester Coletta schließt die Augen)*. Das ist es. Hier ist also eine Gelegenheit, um etwas zu reformieren. Alle Heiligen sprechen über die Schönheit der Kontemplation.

Ich lese gerne ihre Lebensgeschichten. Als ich noch eine Novizin war, ich war 21 oder 22 Jahre alt, gingen wir alle um neun zu Bett. Alle Lichter wurden ausgemacht, weil wir um Mitternacht zum Beten aufstehen sollten, dann nahm ich meine Taschenlampe, um ein Buch über das Leben der Heiligen zu lesen *(sie lacht kurz auf wie ein Mädchen)*. Ich hatte Augenbeschwerden, und der Arzt sagte mir, wenn ich weiterhin die Taschenlampe benutzen würde, könnte ich blind werden. Seitdem habe ich damit aufgehört.

Weißt du, als ich eine Novizin war, habe ich gelesen, dass der hl. Franziskus ohne ein Kissen auf dem nackten Boden auf Steinen und auf Ästen schlief, und ich habe das auch getan, weil ich es so wollte, ohne dazu die Erlaubnis der Mutter Oberin zu erbitten. Ich habe einige Äste zusammengelegt, so als ob sie ein Kissen wären, niemand wusste es, ich habe mich so gut dabei gefühlt! Ich wollte wie Franziskus sein, ich war damals 21 Jahre alt. Ich fühlte das, was Franziskus damals empfunden hatte, er war so angespornt, so entbrannt von Liebe zu Gott ... und ich wollte das unbedingt spüren, was er gefühlt hatte. Oh, es war einfach wunderbar!

Als ich es später der Mutter Oberin erzählte, sagte sie, dass ich mir dadurch nichts Ehrenwertes verdient hätte, weil ich um keine Erlaubnis dazu gebeten hätte. Aber es ging mir nicht darum, eine Erlaubnis zu bekommen, und ebensowenig darum, ob es ein besonderer Verdienst war. *(Und da ist es wieder, dieses ansteckende und unschuldige Lachen eines Kindes.)* Ich habe es getan! Schluss, fertig aus!

Franziskus hat unentwegt gebetet. Hast du auch ein Gebet oder ein Mantra, das du ständig während des Tages wiederholst?

Mein Mantra ist „Ich liebe dich, Jesus". Ich wiederhole es unentwegt seit Jahren und Jahren. Und es ist wahr *(sie flüstert beinah)*, ich fühle oft, wie Er mir antwortet, ich fühle Wellen von Freude, die mich einhüllen und durchdringen. Wo auch immer ich gerade gehe ... plötzlich werde ich mir Seiner Nähe bewusst ... das kann in der Kirche sein oder während ich durch die Straßen von Assisi gehe ...

Was für einen Eindruck macht es auf dich, hier in Assisi mit Menschen zusammenzusein, mit mir zu sprechen und auf der Straße begrüßt zu werden?

Ich denke, dass es eine große Gnade ist. Es ist so unglaublich: wenn ich durch die Straßen von Assisi gehe, wollen die Menschen Fotos mit mir machen. Es erfüllt mich mit soviel Freude, wirklich, es gefällt mir. Bald werde ich in mein Kloster zurückkehren und wieder in Klausur leben. Während dieser Pilgerreise habe ich die Schönheit des sozialen und des spirituellen Lebens gleichzeitig erfahren. Als ich noch in der Grundschule war, fragte uns der Lehrer, was wir als Erwachsene tun wollten: ich träumte davon zu reisen, ich wollte die Welt sehen ...

Jetzt besteht mein einziges Ziel darin, die anderen und Jesus zu lieben. An dem Tag, an dem ich während der feierlichen Profess den Ring bekam, habe ich mich wie im Paradies gefühlt: die erwählte Braut von Jesus! Alle konnten sehen, wie bewegt, wie glücklich und wie bereit ich war!

Aber auch das alltägliche Leben im Kloster ist wie eine Welle, manchmal befindest du dich auf dem Gipfel, manchmal im Tal, und wenn ich im Tal bin, wird es zu einer Herausforderung, weiterzugehen. Jedes Mal, wenn ich unten im Tal bin, habe ich die Hoffnung, morgen oder in der näheren Zukunft wieder nach oben zu kommen. In diesen Momenten versuche ich, meine Gebete zu vertiefen. Etwas anderes, was mir hilft, ist die Musik.

Ich liebe die Musik, ich könnte ohne Musik nicht leben. Ich habe in meiner Jugend gelernt, verschiedene Instrumente zu spielen: Gitarre, Klavier, Geige und Mandoline. In unserem Kloster auf den Philippinen hatten wir ein kleines Orchester, wir übten jeden Tag eine Stunde. Das war wunderschön!

Schwester Maria Coletta, deine Augen sind so fröhlich, du strahlst so viel Freude aus. Was macht dich in deinem Leben am glücklichsten?

Wenn ich bete, wenn ich in der Kontemplation verweile. Es gibt keine Worte, um wirklich diesen Zustand des Gemütes auszudrücken. In tiefer Kontemplation erlebe ich diese große Freude ... *(Schwester Maria Coletta unterbricht sich und sucht nach Worten)*, dann wünsche ich mir nur noch, darin zu verweilen ... Und dann ... die heilige Kommunion. Die heilige Kommunion ist mein Leben. Ja, die heilige Kommunion ist „das Leben" für mich. Ohne Gott, ohne Gebet und ohne Kommunion könnte ich nicht leben. Das ist es, darum liefere ich mich Ihm vollkommen aus.

Schwester Maria Coletta, wenn du einen Wunsch hättest, der erfüllt werden könnte, um was würdest du dann bitten?

Bevor ich vor vielen Jahren hierher kam, wollte ich wissen, wie die Armen Schwestern hier in Italien leben, und Gott hat meinen Wunsch erfüllt. Ich denke, dass Gott dir alles gibt, wenn es gut für dich ist. Und da Gott mich so sehr liebt, hat Er mir alles, was ich mir gewünscht habe, gegeben. Ich bin Ihm für alle diese Segnungen und diese unerwarteten Gaben so dankbar, sowie auch dafür, dass ich dich getroffen habe, und dass ich hier mit dir unter diesem schönen Baum sitzen und von Ihm sprechen kann ... Oh, ich möchte bei Ihm sein ... für immer!

Wir lächeln und entspannen uns. Eine leichte Brise trägt uns an diesem heißen Septembernachmittag Kühlung zu. Über uns bewegen sich anmutig die Blätter eines Baumes im sanften Wind.

***

Im Oktober 2008 hat Schwester Maria Coletta die zeitweilige Erlaubnis erhalten, zurück auf die Philippinen zu kehren, um in dem Kloster, in dem sie ihre Gelübde abgelegt hatte, den 25. Jahrestag ihrer Profess als Klarissin zu feiern.

Bruder Federico

„Ich will die Liebe leben"

Vor einigen Jahren hatte ich mich entschlossen, einen Italienischkurs für Fortgeschrittene zu belegen. Ich musste einen Einstufungstest machen, und dann wurde mir meine Klasse zugewiesen, in der außer mir nur zwei andere Studenten waren: eine Japanerin und ein Franziskaner. Er fiel mir durch seinen trockenen Humor auf, den ich am Anfang nicht immer verstand, sowie durch die interessanten Fragen, die er während des Unterrichts stellte. Unsere Lehrerin behandelte die verschiedensten Themen, und Bruder Federico war immer interessiert und sehr lebhaft.

Es war spannend und auch lustig, ihn in unserer Gruppe zu haben. Morgens kam er mit großen schnellen Schritten in das Klassenzimmer. Er hatte immer etwas Besonderes zu erzählen. Ich konnte mir gut vorstellen, dass seine Predigten in der Kirche nie langweilig waren. Seiner Gestalt nach wirkte er wie ein Philosoph, er war groß und hager, sein Gesicht war blass und eingerahmt von dunklen Haaren sowie einem Vollbart, seine Augen wirkten oft nachdenklich, aber plötzlich konnten sie einen sehr schelmischen Ausdruck bekommen. Seine Hände wirkten fast weißlich, und sie waren von edler, feiner Form, wie die eines Musikers. Mich interessierten sein Leben und seine Berufung.

Wir hatten uns nach den 6 Wochen gemeinsamen Italienischlernens aus den Augen verloren, bis wir uns eines Tages zufällig nach einer Messe wieder trafen. Wir frischten ein paar Erinnerungen vom Italienischkurs auf, und dann nahm ich mir ein Herz und bat ihn um ein Interview, um von seiner Berufung zum Franziskaner zu erfahren. Er antwortete scherzend: „Ich weiß nicht, aus welchem Grund dir meine Geheimnisse nützlich sein könnten, aber wenn du dich für mein Leben interessierst ... in Ordnung!"

Es waren einige Wochen verstrichen, bevor wir uns in einem Raum der Franziskus-Basilika trafen, in dem die Brüder Gäste empfangen. Bruder Federico lachte, und während er mich anschaute sagte er: „Da ist sie ja, die neugierige Ingrid! Ich bin schon gespannt auf deine Fragen! Ich bin bereit!" Wie immer war die Atmosphäre in seiner Gegenwart gelöst und locker, und das half mir zu entspannen ... noch ein tiefer Atemzug ... und das Interview begann.

Bruder Federico, kannst du mir erzählen, was für ein Leben du geführt hast, bevor du ein Franziskaner wurdest? Welche Bedeutung hat die Religion in deiner Kindheit und Jugend gehabt?

Meine Eltern waren Bauern. Ich bin in Deutschland in einem Dorf mit nur 1200 Einwohnern aufgewachsen. Es gab zwei große Bereiche, die Arbeit und die Kirche. Ich hatte eine ideale Jugend und konnte am Leben der Eltern teilnehmen, die unter anderem sehr fromm waren. Oft saßen wir abends in der Adventszeit bei Kerzenlicht zusammen und beteten den Rosenkranz. Das sind tiefe, wunderbare Erinnerungen. Die Freude, die ich dabei spürte, während wir den Rosenkranz beteten, hat sich tief in meine Seele eingeprägt.

Ich liebte die Jungfrau, und ich verehrte die Heiligen, die meine Vorbilder waren. Schon als kleiner Junge wollte ich immer Geschichten aus ihrem Leben lesen. Sie haben mir den Weg gewiesen. Im Alter von 10 Jahren hatte ich einen tiefen Glauben. Ich bin immer in die Messe gegangen und war überzeugt davon, dass Jesus im Tabernakel ist. Ich habe mich Gott sehr nahe gefühlt.

Meine Eltern haben mich dann in ein Internat geschickt, das 45 km von unserem Dorf entfernt war, denn ich wollte

Priester werden. Zwischen 13 und 14 Jahren kam ich in eine Glaubenskrise. Meine Mutter erkrankte an Multipler Sklerose, und trotz intensivsten Gebetes wurde sie nicht gesund. Auch meine Bitte, mir zu helfen, dass ich in der Schule im Deutschunterricht besser würde, wurde nicht von Gott erhört.

Als man mich im Alter von 14 Jahren fragte: „Aber du, Federico, du willst doch Pfarrer werden?", habe ich „ja" gesagt, obwohl ich gar nicht überzeugt war. Im Grunde wusste ich nicht, welchen Beruf ich nach der Schule erlernen wollte, ob ich Ingenieur oder Volksschullehrer wählen würde. Ich habe mich für die zweite Möglichkeit entschieden, mit dem Hintergedanken, immer noch umsatteln zu können. Ich suchte gleichaltrige Freunde, die mich im Glauben bestätigen würden, aber ich habe sie nie gefunden.

Jeden Sonntag ging ich in die Kirche, und ich las auch ein Buch über das Christentum, das mich sehr bewegte. Am 10. Oktober 1972 starb meine Mutter, und genau einen Monat später lernte ich ein Mädchen kennen, das eine große Anziehung auf mich ausübte. Wir hatten viele tiefe Gespräche. Sie lebte den Glauben mit ganzem Herzen und wollte Schwester werden. Mit 10 Jahren wollte ich eigentlich Priester werden, aber wie ich schon sagte, zwischen dem 13. und 14. Lebensjahr ist der Gedanke verschwunden.

Viele sagen, dass sie den Ruf gespürt haben, Bruder zu werden. Kannst du das in deinem Fall bestätigen?

Meinen Ruf sehe ich in der Glaubenserfahrung. Ich habe geweint, es waren Tränen der Sehnsucht. Ja, es kam mir so vor, als ob Gott mich riefe. Auch die Stelle aus dem Neuen Testament hat mich so fasziniert: „Wahrlich, ich sage euch: Es ist niemand, der Haus oder Brüder oder Schwestern oder Vater oder Mutter oder Weib oder Kinder oder Acker um meinetwillen und um des Evangeliums willen verlässt, der nicht hundertfach empfange ..." (Markus 10,29).

Mit 22 Jahren lernte ich das Mädchen kennen, von dem ich schon sprach. Sie war damals zwei Jahre jünger als ich. Als Mädchen und Frau faszinierte sie mich, und ich war besonders berührt von ihrer freudigen Beziehung zu Gott. Sie hatte einen Bruder, der im Kloster lebte, sie wollte ihn mir vorstellen. In meinem Inneren gab es erneut Auseinandersetzungen. Gehe auch ich ins Kloster oder nicht?

Oft war diese Stimme in mir: „Ja, das ist dein Weg" ... aber dann stiegen Zweifel in mir auf: ich hatte Angst, die anderen würden mich auslachen, wenn sie mich auf der Straße mit dem Habit sehen würden. Ich wollte mich nicht schämen müssen! Und ich wusste, falls ich die Entscheidung treffen sollte, in ein Kloster einzutreten, dass dann wahrscheinlich ein Berg von Problemen auf mich zukommen würde ... Es war ein ständiges Ringen in mir, aber schließlich kam ich zu dem Ergebnis: „Im Kloster bin ich dann näher bei Gott, und jetzt ist es genug damit!"

Dennoch dauerte der Prozess, bis ich mich entscheiden konnte, etwa zehn Monate. Mit 23 Jahren, am 4. Oktober, betete ich zu Franziskus, er möge mir zu verstehen geben, die Antwort geben, ob der Weg, Franziskaner zu werden, der richtige für mich sei. Bis zum 5. Oktober habe ich innerlich gerungen, und dann am nächsten Tag die Klarheit gespürt. Die Gewissheit war da, dass Er mich gerufen hatte!

Stell dir einmal vor, ich hatte absolut keine Ahnung vom Klosterleben. Eigentlich bin ich leichtsinnig eingetreten, ohne richtig darüber nachgedacht zu haben. Zu Hause hatten wir so ein schönes Familienleben, und so harmonisch stellte ich mir das Leben auch im Kloster vor ... Am 10. Oktober kam es zum Verzicht auf das Mädchen.

Es gibt so viele verschiedene Orden. Was hat dich dazu bewogen, gerade Franziskaner zu werden?

Ich habe Franziskus zufällig liebengelernt, nicht er war der Grund, weshalb ich Franziskaner wurde. Heute jedoch bin ich dankbar dafür. Ich habe den Orden gewählt, in dem der Bruder des Mädchens war ... eigentlich „sträflich, leichtsinnig“, so ohne richtig zu überlegen! *(Er schüttelt mehrmals den Kopf, so als würde er sich über sich selbst wundern.)*

Die Zeit als Novize war sehr schwierig für mich, denn es gab einen Novizen, mit dem ich mich absolut nicht verstand. Wir waren so verschieden, wir hatten uns absolut nichts zu sagen, er war so progressiv und ich konservativ, die gemeinsame Basis fehlte. Ich erinnere mich daran, die Tage bis zum Ende des Noviziats gezählt zu haben.

Jetzt bist du ungefähr 50 Jahre alt, stimmt das?

Ja, leider bin ich schon so um die 50 Jahre herum ... *(Er lacht unbekümmert wie ein kleiner Junge.)* Schade, dass man die Zeit nicht anhalten kann.

Welche Bedeutung haben für dich die drei Gelübde der Keuschheit, der Armut und des Gehorsams?

Die Bedeutung der Gelübde? Das sind alles nur Worte. Man kann 1000 andere dafür wählen. Ich möchte möglichst rein leben, das heißt, ich möchte in Beziehung zu Gott treten. Man kann tausend Tugenden finden. Paulus sagt: „Glaube, Hoffnung, Liebe“. Für mich ist die Liebe das Wichtigste. Ja, ich hab's mit der Liebe. Ich möchte mir immer wieder bewusst vor Augen halten, dass ich sehnsüchtig von Gott geliebt werde, ohne mich in Gedanken über die Tugenden zu verlieren. Therese von Lisieux sagte: „Ich will die Liebe leben.“

Für mich ist es wichtig, alles auf einen Punkt zu bringen: Je mehr ich mir bewusst bin, dass Gott „mich“ sehnsüchtig liebt, desto mehr lebe ich automatisch die Tugenden.

Ich würde gerne vollkommen in meiner Hingabe sein. Ich denke an die Kopernikanische Wende. Zunächst dachte man, die Sonne dreht sich um die Erde, bis man das Gegenteil entdeckte: die Erde dreht sich um die Sonne. So soll sich nicht alles um mich drehen ... sondern alles um Gott!

Ich sehe die drei Begriffe, versuche Konsequenzen daraus zu ziehen, aber ich habe nicht genug Energie, immer darüber nachzudenken. Ich lebe die Liebe zu Gott. Wie ich schon erwähnt habe, es ist wichtig für mich, das Leben auf einen Punkt zu bringen. Franziskus wollte das Evangelium leben. Ich denke nicht so viel an die Regeln, ich möchte gerne die Liebe leben. Aber natürlich bemühe ich mich, die Regeln zu befolgen.

Welche Stellung nimmt für dich die Keuschheit ein? Ich stelle mir vor, dass sie ein Problem für die Brüder darstellt.

Na ja ... Es ist nicht leicht, keusch zu leben. Es gibt Momente, wo man geplagt wird von Hormonen und dann in eine Phantasie- und Gedankenwelt versinkt. Ich strebe an, eine persönliche Beziehung zu Gott zu haben und verfügbar für alle Menschen zu sein. Sicher, es gibt auch sehr schwierige Tage. Die Selbstbefriedigung sehe ich unter einem größeren Aspekt, zum Beispiel: ich bin gekränkt worden und möchte mich rächen ... ich brauche Anerkennung und gehe zu den Menschen, bei denen ich weiß, dass ich sie bekommen werde ...

Sicher gibt es Momente, in denen es mir nicht gelingt, die Sexualenergie zu kontrollieren, und es kommt fast zu einer Explosion, bis das Pferd, das so wild geworden war, wieder ruhig geworden ist. Ich glaube, es ist wichtig, sich selbst total anzunehmen, und ich bitte Gott darum, dass das Wort „Du bist da“ mir Kraft gibt. Ich brauche Gott als den liebenden und den barmherzigen Gott! Ich hätte gern, dass mich die anderen als „heilig“ sehen, ich mag nicht in ein Loch fallen und verschwinden … Ich sage mir, „Du musst das akzeptieren, es ist wichtig“ … und ich weiß, dass es den anderen auch nicht anders geht.

Mir ist bewusst, dass mein Glaube klein ist, es gibt so viele Fälle, in denen ich versage. Natürlich habe ich tausend Ängste. Ich bin eher ein Angsthase, und ich sehe, dass der Herrgott seinen Spaß daran hat, aus mir etwas zu machen. Wo schon etwas vorhanden ist, da ist es nicht schwer, etwas daraus entstehen zu lassen, aber etwas zu machen, wo nichts ist, das ist schwer! *(Er lacht aus vollem Herzen.)*

Verliebt war ich schon viele Male, damit komme ich gut zurecht. Ängste, Zweifel, die wie Abgründe sind, überraschende Sexualität, vergangene Geschichten, sie wohnen alle in „meinem Haus“. Ich muss sie annehmen. Je mehr ich sehe, dass Gott mich liebt, desto klarer wird mir: „Du musst sie dir zu Freunden machen, du musst mit ihnen zusammen wohnen.“ *(Ich bin beeindruckt. Plötzlich habe ich das Gefühl, vor einem Therapeuten zu sitzen, der Ratschläge gibt, die für uns alle wichtig sind!)*

Bruder Federico, das sind wunderbare Worte, aber sicherlich ist es nicht leicht, sie im alltäglichen Leben umzusetzen.

Seit ich Bruder geworden bin, bemühe ich mich darum, Vertrauen zu haben, ruhiger und humorvoll zu sein, ja zu sagen zu dem Leben, so wie es ist, denn Gott ist da, Er ist gegenwärtig. Aber da ist dieses große Spannungsfeld in mir. Ich würde Gott so gerne mehr lieben … ich spüre, dass ich Ihn zu wenig liebe. Ach, es wäre so schön, wenn ich Ihn wirklich lieben würde! Ich bin sehr nüchtern, in mir lebt der alte und der neue Mensch. Ich muss bekennen, dass mein Glaube klein ist. Diese große Spannung in mir löst sich lediglich bei dem Gedanken auf: „Aber du, du liebst mich sehnsüchtig …“

Ach, und mir vorzustellen, dass Jesus mein Bräutigam ist, das fällt mir schwer. Ich bin ein armseliger Mensch. Bei dem Gedanken an Jesus denke ich vor allem an Gott, an Gott in Jesus. In meinen Augen ist Gott männlich und weiblich zur gleichen Zeit, und ich bin überzeugt, dass Er von meiner Sehnsucht nach Ihm weiß. Wenn ich im Bett liege, beobachte ich oft meinen Atem, wie er ein- und ausströmt, und dann kann es geschehen, dass der Name „Jesus“ sich mit dem Atem verbindet. In diesem Moment fühle ich tiefen Frieden. *(Ich muss an unseren Italienischkurs denken, wo mir Bruder Federico hauptsächlich durch seinen trockenen Humor und seine vielen Witze auffiel. Ich hätte nicht gedacht, so eine tiefsinnige Seite an ihm zu entdecken.)*

Viele Menschen, die mich in meiner Jugend kannten, glauben, dass mein Leben als Bruder viele Opfer beinhalte. Das ist falsch, ich habe nicht den Verzicht als Ziel gewählt, sondern die Fülle. Es ist wahr, dass es mir schwerfällt, Entscheidungen zu treffen, denn natürlich ist jede Entscheidung auch gleichzeitig ein Verzicht, aber es ist immer wieder tröstend zu erleben, dass Gott dir mehr schenkt als das, worauf du verzichtest.

Weißt du, manchmal habe ich Angst vor der Zukunft und vor dem Leiden. Ich möchte leben und nicht leiden. Leiden macht mich depressiv. Ich muss dann an das Schicksal meiner Mutter denken, an ihre Krankheit … Wenn das auf mich zukommen würde … *(er atmet tief ein und aus)*, o je … ich hoffe, dass ich das annehmen könnte. Es ist mir schon klar, dass es von meiner inneren Einstellung abhängt, ob ich glücklich bin. Ich würde sagen, dass ich jetzt viel zufriedener bin als zu der Zeit, als ich noch mit meinen Freunden und meiner Familie zusammengelebt habe.

Ich suche Gott, ich möchte Jesus begegnen. Mein Glaubensweg ist ein Lebensweg. Ich glaube, dass mich Gott führt und mir hilft, immer heiterer zu werden. Ich selbst tue nichts dazu, ich mache keine besonderen Anstrengungen, alles ist die Frucht meiner Beziehung zu Gott. Bald werde ich nach Deutschland zurückkehren, du weißt sicher, dass man alle drei Jahre versetzt werden kann. *(Er sieht, dass ich erstaunt bin.)*

Schau, das ist ein Ideal des franziskanischen Ordens, demzufolge sollen wir zum Aufbruch bereit sein, denn wir sind nur Gast auf dieser Erde. Ja, ich weiß, viele Menschen sind in die Stadt Assisi verliebt, aber für mich ist Assisi eine Gnade wie auch jeder andere Ort. Für mich ist „der Gnadenort" der Tabernakel, wo Er mit Fleisch und Blut gegenwärtig ist.

Wenn du einen Wunsch frei hättest, was würdest du dir wünschen?

Dass ich Gott so lieben kann, wie Er mich liebt.

Bruder Federico steht auf und macht das Licht an. Es ist dunkel geworden in dem kleinen Zimmer. Er schaut mich aufmerksam an. „Noch irgendwelche Fragen von der neugierigen Ingrid, oder ist ihr Wissensdurst gelöscht?"

„Na ja, im Italienischunterricht warst du, wenn du einmal zu sprechen angefangen hattest, kaum zu bremsen ..." Wir müssen beide aus vollem Halse lachen, und Bruder Federico erwidert:

Ja, ja, das stimmt schon, aber für einen Mann wie mich ist es gar nicht so leicht, über sein Innenleben zu sprechen, und dennoch, du hast ziemlich viel aus mir herausgeholt ... *(er zwinkert mir zu).*

Er begleitet mich über den Innenhof der Basilika zur Pforte: „Tschüss, bis zum nächsten Mal." Wir scherzen einen Augen-

blick, dann bedanke ich mich herzlich und sage ihm, dass ich seine Ehrlichkeit und Offenheit bewundert habe, und mit beschwingten Schritten gehe ich durch die kleinen Gassen von Assisi nach Hause.

Schwester Antonella

„Das Mysterium, für das es keine Worte gibt"

Es hat geschneit auf dem Berg Subasio. In den Wintermonaten ist es kalt in Assisi, ein eisiger Wind fegt durch die Straßen. Heute ist die Temperatur unter 0 Grad. Es ist ganz früh am Morgen, und ich bin mit dem Auto auf den Berg bis zur Einsiedelei Eremo delle Carceri gefahren, um zur Messe zu gehen. Drei Brüder und drei Schwestern sitzen eingehüllt in ihre Wolljacken in der Kapelle, Schwester Antonella sitzt vor der Orgel. Sie sieht ruhig und friedvoll aus. Was für eine Stille herrscht in diesem Ort der Zurückgezogenheit und des Gebetes. Ein Schweigen, das unsere Seelen berührt … man muss das erlebt haben.

Nach der Betrachtung folgt das Morgengebet, die Laudes, und anschließend die Messe. Danach ist die Stimmung in der Kapelle auf einmal ganz anders, so als hätte sie sich in Heiterkeit und Lebendigkeit verwandelt. Die Schwestern und Brüder sprechen fröhlich miteinander. Nach der Messe lädt mich die Oberin ein, mit ihr und den beiden anderen Schwestern zu frühstücken: es gibt eine Tasse Kaffee, Zwieback, Honig, ein paar einfache Kekse. Wir tauschen ein paar Gedanken über das eben gehörte Wort aus dem Evangelium aus. Wir kennen uns bereits seit einiger Zeit. Schwester Antonella erkundigt sich interessiert nach meiner Familie. Dann vereinbaren wir ein Treffen für das Interview.

Die Tage sind verstrichen: Schwester Antonella sitzt mir gegenüber an einem langen Holztisch. Es kommt mir so vor, als wäre ich in einer großen Höhle. Die Wände um mich herum bestehen aus nackten Felsen. Es gibt nichts als ein paar Stühle und einen Schrank mit ein paar religiösen Büchern. Dieser

Raum dient zur gleichen Zeit als Esszimmer sowie als Aufenthaltsraum für die Schwestern hier in der Einsiedelei Eremo delle Carceri. Ich denke an die unzähligen Gegenstände in meinem Wohnzimmer, auf die ich verzichten könnte ...

Wie immer ist das Lachen von Schwester Antonella ansteckend. „Sie ist so jung und schon Oberin", denke ich bei mir. Ihre kräftige Stimme passt zu ihren dichten dunklen Augenbrauen und der betonten Nase. Während die Atmosphäre hier im Kloster, im Wald und in den Grotten etwas Mystisches ausstrahlt, vermittelt Schwester Antonella dagegen den Eindruck, mit beiden Beinen fest auf dem Boden zu stehen. Sie schaut mich belustigt an und fragt: „Funktioniert dein Aufnahmegerät dieses Mal? Es scheint mir ziemlich alt zu sein!" „Ich hoffe, dass alles klappt, wenn nicht, dann werfe ich es weg!" Wir müssen beide herzhaft lachen. Beim letzten Versuch, unser Interview aufzunehmen, war die Aufnahme von einem starken Rauschen begleitet, so dass ich sie nicht verwenden konnte. Ich bin dankbar, dass sie mir noch einmal ihre Zeit zur Verfügung stellt, um auf meine Fragen zu antworten. Ich fühle mich wohl in dieser spartanischen Einfachheit, wir sind entspannt und verweilen einen Moment in Stille ...

Wir kennen uns schon seit zwei oder drei Jahren, stimmt das?

Seit zwei Jahren, seit ich hierher gekommen bin.

Es scheint mir beinahe, dass du ein Geheimnis hast. Du scheinst immer so fröhlich und glücklich zu sein, wenn ich dich sehe. Bist du immer so gut gelaunt?

Ja, ich habe oft gute Laune. Das ist zum Teil mein Charakter, aber da gibt es kein Geheimnis. Ich glaube, das ist meine Art, ich war schon als Kind so, nicht erst seit ich Schwester bin, das war schon immer ein Wesenszug von

„... es wird für immer jenes große Mysterium bestehenbleiben, für das es keine Antwort gibt ..."
Schwester Antonella

mir. Auch wenn ich irgendein Problem, eine Schwierigkeit hatte, habe ich das nie gezeigt. Es blieb in meinem Inneren. Ich wollte den anderen immer meine frohe, ausgeglichene Seite zeigen. Ich glaube, dass die anderen schon genug Schwierigkeiten haben, da ist es nicht notwendig, auch noch meine hinzuzufügen, und deshalb ziehe ich es vor sie zu verbergen. Ich war immer ein ruhiges, sehr schüchternes Mädchen. Ich hielt mich gerne im Hause auf, es machte mir Spaß zu lesen und zu lernen.

Warst du schon immer gläubig?

Unsere Familie war schon immer gläubig. Als wir klein waren, lehrte uns meine Mutter den Katechismus ... Wir waren fünf Geschwister, und wir alle gingen immer in die Pfarrkirche. Eine große Bekehrung hat nicht stattgefunden, alles war so natürlich und normal. Da kam eher von meinem Vater etwas Widerstand, und das spürte man zu Hause hin und wieder ... Mit 16 Jahren bin ich in eine Gruppe in der Pfarrei eingetreten und habe angefangen, mich persönlich zu engagieren, nicht auf Anregung anderer, sondern auf meine eigene Entscheidung hin.

Sagen wir, dass ich in jenem Alter begonnen habe, Gott zu entdecken ... Im Kindesalter hatte man mir dieses Bild von Jesus vor Augen geführt: ich war hier und der Herr dort. Dann habe ich ganz langsam angefangen zu erahnen – dank der gemeinsamen Zeit, die ich mit der Gruppe verbracht hatte, und dank der erhaltenen Anregungen –, dass Er gar nicht so weit von mir entfernt war!

Ich habe so eine lebendige Gegenwart in mir gespürt, und von da an lebte ich auch meinen Glauben auf andere Weise: es war nicht mehr etwas Externes, sondern eine Wirklichkeit, die in meinem Leben, in meinem Alltag Form annahm und somit allem einen neuen Sinn gab. Auch wenn wir in der Pfarrei gebeten wurden, in unserer Gruppe zu beten oder uns für etwas zu engagieren, so bekam alles für mich eine tiefere Bedeutung.

Könnte man sagen, dass du nie ein oberflächliches Leben geführt hast, dass du dich nicht mit Freunden getroffen hast, um in die Diskothek zu gehen, dass du nicht zu Festen oder zum Tanzen gegangen bist?

Sagen wir, dass es keine Dinge waren, die mich persönlich sehr interessierten. Ich nahm an Festen teil, die innerhalb der Gruppe stattfanden, also eigentlich immer mit ausgewählten Freunden; aber ehrlich gesagt, gefiel mir die Diskothek nicht, ich hatte keine Lust, dort Zeit zu verbringen, ich zog es vor, zu Hause zu bleiben und zu lesen. Ich ging mit Menschen aus, die ich kannte, kurz, ich führte ein ruhiges Leben. Wenn die Gruppe ein Fest feierte, oder wenn man wegen Karneval oder anderen Anlässen in die Diskothek ging, dann war das etwas anderes, es war etwas, das zu den Aktivitäten der Gruppe oder der Gesellschaft gehörte.

Du bist so hübsch und fröhlich. Du warst bestimmt auch mal in einen Jungen verliebt, oder?

Ja, ich war verlobt, ich war verliebt, es waren positive Erfahrungen für mich. Sie haben mir geholfen, mich selbst und auch mein Gefühlsleben besser kennenzulernen. Ich war in meiner Jugend drei Mal verliebt ...

Das erste Mal mit 16 Jahren. Danach waren es kurze Beziehungen von sechs Monaten, ein anderes Mal etwas länger, aber es waren immer Beziehungen, die schon am Anfang zu Ende waren, ich wollte es so, weil ... *(sie lacht)* es ist komisch, aber ich fühlte mich zu sehr geliebt, es war mir zuviel, und ich fühlte mich nicht im Stande, das Gleiche zu erwidern. Es wurde mir klar, dass ich der Person an meiner Seite Schmerz zufügte, also machte ich Schluss, bevor es zu kompliziert wurde.

Ich weiß nicht warum, vielleicht war in meinem Herzen schon die Sehnsucht nach einer anderen Art von Liebe vorhanden als die, die von mir erwartet wurde. Das war alles noch so neu ... ich war mir dessen noch nicht richtig bewusst ... aber mir ging es gut damit, ich hatte viele Freunde, verstand mich mit allen, und in gewisser Weise genügte mir das.

Wann hast du zum ersten Mal daran gedacht, den Schleier zu tragen?

Ich habe nicht daran gedacht, den Schleier zu tragen oder Schwester zu werden, denn das war alles weit entfernt von meinen Gedanken. Ich bin in einer Pfarrei aufgewachsen, die Figur der Schwester war mir unbekannt, aber ich habe verstanden, dass der Herr nicht nur einen Teil von mir wollte, Er wollte mich ganz! Ich habe verstanden, dass es dem Herrn nicht genug war, dass ich in der Pfarrei mitarbeitete, wie ich es tat, indem ich mich um viele kleine Dinge kümmerte.

Nein, der Herr wollte volles Engagement von mir, rund um die Uhr. Er wollte auch eine größere Liebe, total, bedingungslos. Mir wurde klar, dass Er alles von mir wollte, nicht nur einen Teil, und ich habe gespürt, dass ich Ihm mein ganzes Leben weihen sollte. Das bedeutete, Schwester zu werden, aber die Entscheidung, den Schleier zu tragen, war Konsequenz eines inneren Antriebs. Von diesem Zeitpunkt an begann die Suche nach dem Ort, nach der Familie, in der ich diesen Wunsch verwirklichen konnte.

Ich bin überzeugt davon, dass Gott selbst mich gerufen hat. Das ist keine Wahl, die nur von uns ausgehen kann. Wenn es nicht ein echter Ruf ist, dann ist es eine Erfahrung, die nicht lange anhält, die keine Spuren hinterlässt. Mir ist die Gnade zuteilgeworden, diesen Ruf anzunehmen, aber auch wenn der Herr stärker als gewöhnlich an mein Herz geklopft hat, war es weder selbstverständlich, Ihn zu verstehen, noch Ihn anzunehmen. In der Tat, am Anfang bedeutet es, auf eine Menge Pläne und Ideen zu verzichten, na ja … Ich war 20 Jahre alt, als ich beschlossen habe, ins Kloster einzutreten.

Aber ich möchte sagen, dass das die größte und wichtigste Wahl in meinem Leben war. Es scheint schwer verständlich zu sein, aber ich war verliebt, so wie ich es heute immer noch bin, und wenn man wirklich liebt, dann ist man bereit, alles hinter sich zu lassen. Ich glaube, dass das die Erfahrung der Menschen ist, die im Orden leben sowie die Erfahrung derer, die verheiratet sind: wenn man wirklich liebt, dann ist man bereit, Dinge aufzugeben, an denen man am meisten hängt. Das empfand ich damals so, und auch heute bin ich noch immer verliebt, und dafür bin ich Gott dankbar!!

Ist deine Liebe während all dieser Jahre gewachsen? Ist es immer noch jene leidenschaftliche Liebe des ersten Verliebtseins oder hat sie sich geändert?

Bestimmt ist sie gewachsen und gereift. Heute ist meine Liebe viel bewusster allen Dingen gegenüber, die so eine Entscheidung mit sich bringt. Am Anfang ist viel Spontaneität und vielleicht auch viel Unwissenheit da, um es so auszudrücken, das heißt, ich war in vielen Dingen unwissend. Diese Jahre haben mir geholfen, vieles zu verstehen … Die Frische dieser Liebe hat mir erlaubt, auch mit den Schwierigkeiten und der Inkonsequenz, die unser Leben manchmal mit sich bringt, gut zurechtzukommen. Aber ich kann sagen, dass es jetzt eine viel tiefere, reifere Liebe ist, so viel bewusster und eigentlich auch immer wach und lebendig, so wie sie am Anfang war!

Wie kann man dein Verhältnis zu Gott beschreiben? Siehst du ihn wie einen Bruder, einen Meister, wie einen Vater oder einen Freund?

Ein wenig von allem, das heißt, dass da eine sehr lebendige Gegenwart ist, und zwar sehr konkret in meinem Leben. Ich kann sagen, dass sie beinahe greifbar ist, ich fühle sie so stark, vor allem in besonderen Momenten. Ich empfinde sie nicht wie eine abstrakte Gegenwart. Ich lebe diese Erfahrung, dass Gott sehr nahe ist, dass Er sich um mein Leben kümmert, ich erlebe Gott als Vater, Gott als Freund, Gott als Bruder, Gott als Gefährte, ich erlebe Ihn als einen Gott, der all diese „Begriffe“ beinhaltet. Es ist schwierig, einen Begriff zu finden, der alles enthält.

Auch wenn ich mich manchmal entferne, mich verliere oder vielleicht abgelenkt bin, so weiß ich, dass Er da ist, dass Er mich begleitet. Das ist für mich so großartig, so wunderbar. Ich weiß, dass Er bereit ist, mich an die Hand zu nehmen, bereit zu großer Barmherzigkeit. Er ist bereit, mich in schwierigen Situationen in Sicherheit zu wiegen, das ist etwas so Gewaltiges, und es ist schwer, die richtigen Worte zu finden, um das zu beschreiben. Ich habe auch das Gefühl, dass bereits mein Versuch, es ausdrücken zu wollen, die Größe dieses Geheimnisses mindern könnte. *(Sie bleibt einen Moment in Gedanken versunken.)*

Es gibt Augenblicke der Intimität, der Stille, in denen ich Seine Gegenwart spüre. Ich spreche mit Ihm … manchmal rege ich mich auf, manchmal verstehe ich Ihn nicht … ich danke Ihm … je nachdem, was in mir vorgeht. Ja … ich fühle, dass Seine Gegenwart in meinem Leben zunimmt, und das gibt mir die Gewissheit, dass ich genau auf dem richtigen Weg bin. Es ist wichtig für mich, dass Er an Größe zunimmt und ich kleiner werde, und dass Er wirklich der Herr meines Lebens wird.

Auch aus diesem Grund habe ich mein Leben dem Herrn geweiht und es in Seine Hände gelegt, es gehört mir nicht mehr, aber das Risiko, dass ich es mir wieder aneignen will, besteht ständig, und deshalb muss man sich immer bemühen, in Seinen Händen zu sein, das Werkzeug zu sein, das Er wünscht.

Wie kommt es, dass du in so jungen Jahren schon Oberin bist? Das ist ungewöhnlich in deinem Alter, oder?

Ich bin 34 Jahre alt, seit zwei Jahren bin ich Oberin. Es gibt kein festgelegtes Alter dafür. Die Entscheidung der Oberen basiert auf den Grundlagen der jeweiligen Notwendigkeiten in der Provinz. Ich weiß nicht, warum sie mich ausgewählt haben. *(Sie zieht lachend die Schultern hoch.)* Ich weiß, dass es ein großer Vertrauensbeweis ist, und ich fühle eine große Verantwortung. Außerdem haben sie vielleicht in mir die Fähigkeit gesehen, dass ich diese Aufgabe erfüllen kann.

Ich bin nicht die erste Oberin, die so jung ist, und ich werde auch nicht die letzte sein. Wenigstens was unsere Ordensfamilie angeht, da gab es schon mehrere junge Schwestern, die Oberin geworden sind oder denen verschiedene verantwortungsvolle Positionen anvertraut wurden. Es ist wahr, dass ich jung bin, aber es ist ebenso wahr, dass ich seit 14 Jahren im Kloster bin, also, ein wenig Erfahrung ist vorhanden … Ich habe früh angefangen, könnte man sagen.

Haben die 50- oder 60jährigen Schwestern Schwierigkeiten, wenn sie mit dir zusammen sind und Gehorsam leisten müssen?

Nein. Auch der Gehorsam ist vor allem ein Verhältnis des Dialogs, eine Suche nach dem gemeinsamen Wohl, es ist kein Aufzwingen. Ich habe die Aufgabe, die Verantwortung für die Schwestern, die der Herr mir zur Seite gestellt hat, wahrzunehmen, und das ist ein Dienst. In dieser Haltung des Dienens gibt es keine Schwierigkeiten, denn es geht darum, im gemeinsamen Gespräch und in der Diskussion herauszufinden, was das Beste für die Gemeinschaft ist. Es ist nicht so, dass ich immer die Wahrheit wüsste.

Es geht immer darum, gemeinsam die richtige Lösung zu suchen. In der Praxis sieht es so aus, dass ich mich um eine Menge kleiner Dinge, auch um materielle Dinge kümmern muss, aber es handelt sich um einen Dienst. Ich betrachte es jedenfalls so, und demzufolge ist die Stimmung in der Gemeinschaft sehr gelöst und entspannt. Manchmal treten Verständnisschwierigkeiten auf, aber wir sind immer fähig, sie im Gespräch zu beseitigen, indem wir gemeinsam die richtige Lösung suchen.

Schwester Antonella, ist es nicht schwer für dich, die Gelübde einzuhalten? Du bist noch so jung!

Schau, diese Gelübde gehören zu einer Wahl, wie man leben möchte. Für mich bedeutet Gehorsam, den Anordnungen der Oberen zu folgen und das eigene Leben ganz in die Hände Gottes zurückzugeben, es handelt sich dabei immer um diese Dimension des sich Sich-Ergebens und des Vertrauens. Ich begreife den Willen Gottes durch die Vorgesetzten, die mir sagen, was ich zu tun habe. Dem Gelübde der Armut zu folgen bedeutet, mich immer daran zu erinnern, dass mein ganzer Reichtum in Christus ist.

Und dann möchte ich wahrhaftig und fähig sein zu bestimmen, was ich brauche, ohne dass es unentbehrlich wird. Die meisten Sachen, die ich habe, sind lediglich nützlich, aber ich könnte auch auf sie verzichten.

Was die Keuschheit betrifft, handelt es sich nicht um einen Verzicht, sondern darum, auf eine umfassendere Weise die Liebe zu Chrisus zu leben, eine Liebe, die rein ist, die das Leben an sich ist. Es geht wirklich um diese Fähigkeit, alle gleichermaßen zu lieben, allen die persönliche Aufmerksamkeit zu widmen. Deshalb empfinde ich die Gelübde nicht wie eine Last, nicht wie einen Verzicht, sondern für mich gehören sie zu der Form, eine Weihe zu leben. Im übrigen stellen die Gelübde nicht nur für die Ordensleute Werte, vielmehr sollte sich jeder Christ dafür interessieren. Das ist es, was das Evangelium – jenseits anderer Dinge – von uns möchte, jeder Christ sollte in diesem Bewusstsein leben. Wenn wir die Apostelgeschichte lesen, sehen wir, dass sie alles gemeinsam hatten, sie praktizierten diese große Nächstenliebe untereinander, ohne in einem Orden zu sein. Es handelt sich in gewissem Sinn darum wiederzuentdecken, um was Christus uns gebeten hat …

Könnte man sagen, dass du dein Leben nicht als Opfer betrachtest? Wenn man dir so zuhört, meint man, dass du alles gerne ohne Schwierigkeiten tust.

Es ist auf keinen Fall ein Opfer. Es ist etwas, wovon ich zutiefst überzeugt bin, woran ich fest glaube. Es ist höchstens ein Opfer im Sinn einer „Gabe“, so wie im Wort Gottes von einer Opfergabe die Rede ist, in diesem Sinne schon, aber nicht wie etwas, das mir schwerfällt. Ich bitte um die Gnade, konsequent zu sein, in Fülle und in großer Heiterkeit leben zu können.

Gibt es nichts, was dir manchmal fehlt?

(Sie ist nachdenklich.) Mir fehlt die Nähe der Menschen, meine Nichten und Neffen nicht aufwachsen zu sehen, nicht jeden Tag mit meiner Familie Kontakt haben zu können … aber ich würde sagen, dass ich in einer anderen Dimension lebe: jene Gemeinschaft jenseits von Raum und Zeit, jene Gemeinschaft, die man im Gebet erlebt, die man also in Christus lebt. *(Plötzlich lacht sie wieder)* Aber Gott sei Dank kann man miteinander telefonieren, man kann reisen, man kann sich treffen, das ist heutzutage kein Problem mehr. Bestimmt haben die Schwestern in dieser Hinsicht früher wesentlich größere Opfer gebracht als wir. Jetzt ist alles viel einfacher, und auch die zwischenmenschlichen Beziehungen lassen sich leichter pflegen …

Bist du glücklich, hier in der Einsiedelei sein zu dürfen? Oder lebst du genauso gerne an einem anderen Ort, in einem anderen Land, in einer anderen Stadt? Vielleicht spürst du die Gegenwart von Franziskus hier auf besondere Weise …

Zweifellos ist es eine Gnade, an einem der Orte sein zu dürfen, an dem der heilige Franziskus verweilte. Natürlich bin ich gerne hier, aber ich bin auch in den anderen Gemeinschaften gerne gewesen, in denen ich vor meiner Ankunft in der Einsiedelei gelebt habe. Ganz bestimmt nimmt das Gebet hier eine besonders tiefe Bedeutung ein, und auch der Kontakt und die Kontemplation mit den Menschen tragen dazu bei, diese Gnade an diesem Ort immer wieder erneut zu spüren. So lange der Herr mir gewährt, hier zu leben, werde ich diese Gnade dankbar annehmen.

Ich bin sicher, dass ich den geistigen Reichtum, den mir dieser Ort vermittelt und geschenkt hat, mitnehmen werde, wenn ich ihn eines Tages verlassen muss. Dies ist ein bevorzugter Ort, aber der Herr ist in gleicher Weise an jedem anderen Ort gegenwärtig. Er ist in meinem Leben und nicht außerhalb, Er ist nicht im Ort, sondern in meinem Leben.

Wann fühlst du dich Gott besonders nahe?

Natürlich ist Seine Nähe in der Kommunion sehr lebendig, sehr konkret, denn ich weiß, dass Christus in jenem Augenblick vollständig mit seinem Leib und seinem Blut in mein Leben eintritt. Sagen wir, es ist der Moment der Begegnung an sich, der großartigste.

Aber wie ich schon gesagt habe, ich fühle diese Intimität auch im Gebet, in der Anbetung. Oft gefällt es mir gerade in der Stille und im Hören zu verweilen ... einfach Christus zu betrachten ohne Worte ... es ist dieses Verweilen ... es ist dieses „Dasein“ in Seiner realen Gegenwart.

Vor der täglichen Vesper am Abend ist hier in der Einsiedelei immer eine halbe Stunde Zeit für stille Anbetung vorgesehen. Trefft ihr euch auch manchmal während der Nacht zum stillen Gebet?

Ja, in besonderen Zeiten schon, im Advent, in der Fastenzeit, manchmal haben wir nächtliche Anbetung. In letzter

Zeit kommen auch gerne die Brüder freiwillig dazu. Es ist nicht einfach, mitten in der Nacht aufzustehen und den Schlaf zu unterbrechen. In der Nacht ist es sehr kalt hier ... Das nächtliche Gebet ist wunderbar, diese Stille ... allein die Tatsache, mitten in der Nacht das Bett zu verlassen und den Schlaf zu unterbrechen, bringt ein Opfer mit sich, aber man wird durch diese Bemühung belohnt und spürt viel Frieden im Herzen.

Es gibt so viele wunderbare Dinge im Leben, aber auch viele Schmerzen. Was sind deine Gedanken zum Leiden?

Ich glaube, dass es wichtig ist, die Schwierigkeiten und Prüfungen ganz bewusst zu erleben. Ich glaube, dass man das Leiden, wenn man mitten drin steckt, oft nicht begreifen kann. Was mich betrifft, so habe ich immer gesehen, dass ich in schwierigen Momenten nicht verstanden habe, um was es ging.

Auch als ich erlebt habe, dass sich einige Menschen von mir abwandten, Mitschwestern und auch andere, von denen ich es nie erwartet hätte, so kann ich nicht sagen, dass ich je vom Herrn verlassen wurde, im Gegenteil, es waren die Zeiten, in denen ich mich am meisten geborgen und angenommen fühlte und ... es ist schwer mit Worten zu beschreiben ... es war ein ganz besonderes und tiefes Erlebnis.

Ich erinnere mich an leidvolle Situationen, die körperlich oder geistig anstrengend waren. In dieser Zeit habe ich Gott, den Herrn auf einzigartige Weise an meiner Seite gespürt, so dass ich es gar nicht ganz erfassen konnte. Später wurde mir wirklich klar, wie wertvoll all diese Prüfungen sind, denn sie helfen zu reifen und im Glauben zu wachsen.

Ich kenne einige Personen, die den Glauben verloren haben. Sie fühlen sich von Gott verlassen, weil sie keinen Erfolg in ihrem Beruf haben oder weil sie ihre persönlichen Beziehungs-

krisen nicht überwinden können usw. Aus diesen Gründen beginnen sie sogar, sich von Gott zu entfernen. Zweifel kommen auf: „Er hilft mir nicht, er liebt mich nicht mehr … vielleicht existiert Gott nicht einmal." Dann verschließen sie sich innerlich und werden depressiv. Es ist schwer, mit ihnen zu reden. Wenn sie hierher zu dir kommen würden, welchen Rat könntest du ihnen geben?

Ich weiß nicht, sicher ist, dass uns Gott nicht verlässt. Manchmal stellt Er uns auf die Probe, manchmal fordert Er sehr viel von uns, aber Gott verlässt uns nicht. Es gibt einen Vers in einem Psalm, in dem der Herr sagt: „Auch wenn Vater oder Mutter ihren Sohn verlässt, ich werde euch nie verlassen." Und ein anderer Vers in der Heiligen Schrift sagt: „Du bist teuer und wertvoll in meinen Augen, und ich liebe dich."

Das einzige, was sie machen können, besteht darin, das Herz zu öffnen. Man braucht nur den kleinen Schritt zu machen, das Herz zu öffnen und Gott ins eigene Leben hereinzulassen. Manchmal sagen wir, dass Gott uns verlassen hat, aber in Wirklichkeit ist in unserem Leben für Ihn kein Platz vorhanden. Also müssen wir erst einmal fähig werden, unser Herz zu öffnen, und voll Bescheidenheit und Geduld bereit sein, Ihm zuzuhören …

Ja, sicher, das Herz öffnen. Aber oft wissen sie nicht, wie man das macht. Ich habe eine Freundin, die immer sagt: „Ich habe zuviel im Kopf. Manchmal fühle ich Seine Nähe, spüre Liebe und Gelassenheit, aber dann kommen Momente, in denen ich nichts spüre, auch wenn ich lange bete… tausend Gedanken halten mich davon ab …"

Das ist normal. Auch ich kann nicht von mir sagen, dass ich fähig bin, eine Stunde lang im Gebet nur bei Gott zu bleiben, ohne abgelenkt zu werden oder nachzudenken. Es ist unvermeidlich, man sollte diesen Anspruch nicht stellen. Nur wenn man den Zustand der tiefen Kontemplation erreicht hat, wird man nicht mehr abgelenkt. Aber bis dahin sollte man erst einmal in die Stille gehen, was am schwierigsten ist, denn oft wissen wir nicht, wie man das macht. Gott spricht in der Stille zu uns.

Gott zu kennen, bedeutet, Sein Wort zu kennen, jenes, was Er für mich geschrieben hat. Darin liegt ein großer Mangel bei uns Christen, denn wir kennen die Heilige Schrift zu wenig. Wenn ich nicht in der Lage bin zu beten und still zu sein, dann kann ich die Bibel aufschlagen und einen Absatz vom Wort Gottes lesen, es wiederholt lesen, es in mich aufnehmen und in meinem Herzen wiedererklingen lassen. Mit Sicherheit sagt mir der Herr etwas.

In diesem Moment denke ich an einen Menschen, der mir sehr nahe ist und der seit 15 Jahren an einer schweren Krankheit leidet. So viele Menschen haben für ihn gebetet, dennoch hat sich sein körperlicher Zustand nicht gebessert.

Sehr oft beten wir um das, was wir wollen, aber ich habe in den letzten Jahren gelernt, zu bitten, dass sich der Wille Gottes an der Person erfüllt, für die ich bete ...

Beten bedeutet, um Kraft und Beistand für den Menschen zu bitten, ihm nahe zu sein und ihm beizustehen. Am Ende des Gebetes spreche ich die Worte, die auch Jesus gesagt hat: „Nicht mein Wille, sondern dein Wille geschehe." Ich glaube, das ist das Geheimnis von allem. Wir können den Willen Gottes nicht verstehen, wir können ihn in unserem eigenen Leben nicht begreifen.

Franziskus ging soweit zu sagen: „Sei gelobt, mein Herr, für Bruder Tod", und er wartet auf ihn, er sieht ihm entgegen, denn Franziskus sieht auch im Tod ein Geschenk, eine große Gabe Gottes: das Geschenk, dass er Sein Angesicht in Ewigkeit schauen darf. Das ist es, wozu wir uns letzten Endes bekannt haben, demnach wird auch der Tod zu einem Ort, durch den man hindurchgeht. Ja, für die Zurückgebliebenen ist es sicher schmerzhaft, man verliert die Liebe eines Menschen, aber wenn wir daran glauben, so ist es für den Betroffenen ein Übergang, es ist ein Schreiten in die Ewigkeit der Gegenwart Gottes.

Unser Leben ist eine Reise hier auf der Erde...

Ja, das stimmt. Wir alle gehen durch das Erdenleben zum ewigen Leben... „Eines Tages werden wir Ihm von Angesicht zu Angesicht gegenüberstehen", sagt uns die Heilige Schrift... und außerdem... es wird für immer jenes große Mysterium bestehenbleiben, für das es keine Worte gibt ...

Wir sehen uns an. Auf einmal scheinen Worte überflüssig. Hier auf dem Berg, im Refektorium der Einsiedelei, wo der nackte Fels sich über uns wölbt, werden wir von heiliger Stille umhüllt: „... es wird für immer jenes große Mysterium bestehenbleiben, für das es keine Worte gibt..."

Noch einige Minuten des Schweigens, dann eine Umarmung, ein paar Worte des Dankes an Schwester Antonella ... und langsam gehe ich den Waldweg zurück, während Schneeflokken durch die Luft treiben ...

Pater Valerio

„Ich würde so gern heilig sein"

Vor einigen Tagen fuhr ich mit einer Freundin mit dem Auto zum Teatro Lirico, um das Musical „Chiaro di Dio" (Klara von Gott) zu sehen. Als wir durch das letzte Tor von Assisi fuhren, sahen wir dort einen Kapuziner stehen, der so aussah, als suchte er jemanden. Wir hielten einen Augenblick an und fragten ihn, wohin er wolle: „Zum Teatro Lirico, ich habe meine Mitbrüder verpasst, sie sind bereits unterwegs dorthin." Wir boten ihm an, in den Wagen einzusteigen und mitzufahren.

Während der kurzen Fahrt waren wir ziemlich ausgelassen, wir lachten und scherzten unentwegt. Ich hatte keine Ahnung, dass ein Franziskaner so fröhlich und unterhaltsam sein konnte! Ich sagte ihm, dass ich etwas von seiner Heiterkeit gebrauchen könnte, und er lud mich ein, ihn zu besuchen, um mir dann lustige Dinge erzählen zu können.

Nur drei Tage nach unserem ersten Treffen befinde ich mich schon in seinem Büro. Aber ich bin nicht hierhergekommen, um von seiner guten Laune zu profitieren, sondern um ihn zu interviewen! Sein Büro ist groß und hell, mir fällt eine Wand mit Regalen voller Bücher auf, ein großer ordentlicher Schreibtisch und einige Pflanzen, die den Raum einladend gestalten. An einer Wand hängt ein großes Bild von einer wunderschönen jungen Frau. Bruder Valerio bemerkt, wie ich mit Interesse dieses Gesicht anschaue. „Gemma Galgani", sagt er, „eine große Heilige, eine Mystikerin, sie lebt nicht mehr." In seiner Stimme schwingt Bewunderung.

Ich sehe mir den Bruder an und frage mich, was er mir erzählen wird. Bis jetzt weiß ich praktisch nichts von ihm, außer dass er sehr fröhlich sein kann. In diesem Augenblick, bevor wir mit dem Interview beginnen, sehe ich seine äußere Erscheinung. In dem Moment, da ich anfange, Fragen zu stellen, ist es so, als ob sich der Vorhang auf einer Bühne heben würde und ich zum Teil ein Zuschauer bin und zum Teil in das Geschehen eintauche und an dem Leben der Personen teilnehme, die mir gegenüber sitzen, bis sich der Vorhang wieder senkt, das Interview beendet ist und ich einen Teil ihres inneren Lebens habe sehen können.

Er ist nicht groß, eher untersetzt, er hat einen fröhlichen, beinahe kindlichen Gesichtsausdruck, so wie ein unschuldiger Junge, aber zur gleichen Zeit wirkt er sehr wach und selbstsicher. Ich betrachte einen Augenblick seine weißen Haare und seinen weißen Bart, der sein fröhliches Gesicht und die Augen einrahmt: Augen die sprechen, Augen die lachen, lebendige Augen, die hinter einer großen Brille versteckt sind. Und über der Brille … was für eine hohe Stirn! In diesem Augenblick muss ich an meinen Vater denken, der immer sagte: „Eine hohe Stirn ist ein Zeichen von großer Intelligenz", und plötzlich werde ich etwas schüchtern …

Der Bruder schaut mich aufmerksam an, dann lacht er und sagt laut: „Also, Ingrid Bergman, fangen wir an …" Auch ich muss lachen und entgegne: „Ingrid Bergman ist tot, aber ich bin lebendig, Bruder!" Es geschieht oft in Italien, dass mein Name Ingrid Erinnerungen an diese große Schauspielerin weckt. Das Eis ist geschmolzen. Nachdem ich einen Kaffee getrunken habe, den mir eine freundliche Sekretärin angeboten hat, beginnen wir.

Bruder Valerio, können Sie mir etwas von sich selbst und Ihrem Leben erzählen, bevor Sie Bruder geworden sind? Welche Bedeutung hatte die Religion in ihrer Kindheit und Jugend?

Ich bin ein Franziskaner, ein Kapuziner und lebe hier in Assisi. Ich bin jetzt 74 Jahre alt. Im Alter von 13 Jahren, im Jahr 1945 bin ich als Schüler in den Orden der Kapuziner in Gualdo Tadino eingetreten, dort blieb ich auch als Student und Seminarist. Bevor ich auf das Seminar ging, war ich ein völlig normaler Junge und lebte in der Familie. Ich war immer sehr optimistisch, extrovertiert, und fröhlich, und habe meine Jugend in positiver Erinnerung. Meine frühe Jugend verbrachte ich damit, dass ich die Schafe weidete, meinen Eltern und auch meinen älteren Schwestern bei der Arbeit auf den Feldern half und dabei ununterbrochen vor mich her pfiff und trällerte.

Als Kind hatte ich eine klare Stimme, sie war rein und hell und deshalb wurde sie später während der Seminarzeit in einigen Theatervorstellungen eingesetzt, obwohl meine Stimme nicht ausgebildet war. *(Seine Stimme ist tatsächlich sehr melodisch, voll und weich!)* Auch der christliche Glaube war in mir sehr lebendig, was ich der Erziehung meiner Eltern verdanke, und deshalb ging ich gerne in die Kirche. Ich war auch ein Messdiener nahm immer an den Feierlichkeiten, den Messen und Prozessionen teil, und ich läutete die Kirchenglocken.

Schon in Ihrer Kindheit bedeutete Ihnen die Religion sehr viel. Kannten Sie einen Kapuziner, der einen großen Eindruck auf Sie in ihrer Jugend hinterließ?

Ja, in der Tat! Als ich ungefähr 10 war, das war im Jahr 1942, da kehrte ein Kapuziner in meinen Ort zurück, um seine Primiz zu halten, seine erste Messe, sein Name war Pater Samuele. Ich war von seinem Äußeren fasziniert. Er war ein Bruder, er hatte einen Bart, war barfuß, er hatte ein sanftes, lächelndes Gesicht, und er war sehr freundlich. Ich unternahm Spaziergänge mit ihm, wir sind sogar auf den Berg Gran Sasso gestiegen. Von diesem Tag habe ich sogar noch ein Foto! Ich mochte ihn wahnsinnig gern, und ich fragte ihn, ob auch ich ein Franziskaner werden könnte und ob es möglich wäre, auf das Seminar der Brüder zu gehen.

Und so begann meine Ausbildung im Jahr 1945. Um es kurz zu machen, ich wurde angenommen. Es war die herrlichste Zeit meines Lebens. Die schönsten Stunden verbrachte ich betend in der Kirche, wenn ich vom Direktor dazu die Erlaubnis erhalten hatte, aber auch abends verweilte ich Stunden auf den Knien im Gebet, bevor ich mich hinlegte. Meistens war es der Direktor selbst, der mir befahl, zu Bett zu gehen. Der Obere musste mich dazu regelrecht zwingen.

Ich brachte auch freiwillige Opfer, die sogenannten „fioretti". *(Das sind kleine Opfer, die man als Ausdruck der Liebe und Demut Gott darbringt.)* Es klingt ein bisschen merkwürdig, das zu sagen; aber diese Opfer bestanden zum Beispiel darin, dass ich wochenlang kein Wasser trank, und wenn wir spazierengingen, steckte ich kleine Steinchen in meine Schuhe, um Buße zu tun.

Ich las die Lebensgeschichten der Heiligen, unter anderem das Leben der hl. Gemma (1878–1903), in die ich auch heute noch verliebt bin. Man könnte sagen, dass meine Jugend sehr heiter und fröhlich war. 13 Jahre lang kehrte ich nicht von meinem Seminar nach Hause zurück. Erst mit 26 Jahren, im Jahr 1958, fuhr ich zum ersten Mal wieder in mein Dorf.

Ich kann mir vorstellen, wie sehr sich Ihre Angehörigen, Ihre Freunde und die Dorfbewohner gefreut haben, Sie wiederzusehen! Hatten Sie schon mit dem Noviziat begonnen?

O ja, es war wirklich sehr bewegend! 1949 zog ich dann das franziskanische Gewand an, damit fing mein Jahr als Novize an. Das ist irgendwie ein besonderes Jahr. Es gibt keine echte Schule, aber wir lernen, wir lesen, wir beten, wir arbeiten. In diesem Jahr widmen sich die Religiosen, die schon die Gelübde abgelegt haben, sowie die Novizen, die Brüder werden wollen, dem gemeinsamen Studium. Zuerst gibt es die Einkleidung, bei der wir den Habit während einer besonderen Zeremonie anziehen, dann kommt das Jahr der Buße, der Strenge.

Damals war das Noviziat sehr sehr, streng: wir verließen nie die Klausur. Wir mussten uns in der Kasteiung der Augen üben. Wenn ein Flugzeug vorbeiflog, durften wir uns der Versuchung nicht hingeben, ihm nachzuschauen, doch ich habe es nicht geschafft, mich daran zu halten. *(Pater Valentino lacht.)* Wer die Augen nicht gesenkt hielt, war gezwungen, die sogenannten „Brillen" zu tragen, die darin bestanden, ein Stück Stoff über der Stirn zu tragen, wie es bei den Maultieren oft üblich ist. Dieses Tuch hing bis zum Mund, so dass wir während des Tages nichts anderes als den Boden sehen konnten.

Wenn einer von uns zum Beispiel eine Vase fallenließ, musste er sie am Hals hängend tragen, und wenn man um eine Erlaubnis bat, sei es nur, um zur Toilette zu gehen, musste man auf die Knie gehen und mit gefalteten Händen sagen: „Vater, gestatten Sie aus Liebe zu Jesus, dass ich zur Toilette gehe?" Als die Erlaubnis erteilt wurde, küsste man den Boden und sagte: „So sei es, um der Liebe Gottes willen und der heiligen Barmherzigkeit". *(Als er bemerkt, wie überrascht und beinahe sprachlos ich bin, nickt er bestätigend.)* Ich wiederhole, dass es ein ganz besonderes Jahr war. Es ging darum zu sehen, ob es dem Novizen möglich war, Franziskus von Assisi ohne Vorbehalte zu folgen. Es waren unvergessliche, einzigartige Jahre!

Sie waren sehr jung, als Sie das erste Mal daran dachten, die Kutte zu tragen!

Ja, das stimmt. Das erste Mal habe ich den Ruf vernommen, als ich 10 Jahre alt war. Dann wurde er konkret, und er hat sich mir immer klarer offenbart. Ich würde sagen, dass ich im Rahmen dessen, was mir möglich war, auf den Ruf geantwortet habe. *(Er spricht voll Enthusiasmus und schaut mich dabei mit großen Augen an.)* Als ich meine Berufung wahrnahm, war ich überglücklich. Aber ich muss auch sagen, dass manchmal Zweifel und Ängste während all der Jahre auftauchten. Vor allem in der Jugendzeit vermisst man den Vater, die Mutter, die Familie und die Freunde. Aber ich bin nie wirklich in eine Berufungskrise geraten; das Ziel der Priesterschaft stand immer leuchtend und erstrebenswert vor meinen Augen.

Mit fortschreitendem Alter tauchen viele Überraschungen auf, und vor allem, wenn man nicht immer kohärent und treu gewesen ist, kann man auch charakterliche Veränderungen erleben, ich würde sagen, existentielle Veränderungen. Ich danke Gott immer für meine Berufung, aber wenn ich an den hl. Franziskus denke, kommen mir oft Gedanken: „Wenn ich mit der Begeisterung von damals weitergemacht hätte, wenn ich immer konsequent und treu gewesen wäre, könnte ich heute ein zweiter Franziskus von Assisi, ein zweiter Gabriel von der Schmerzhaften Jungfrau, eine zweite Gemma Galgani sein."

Sie scheinen die Heiligen sehr zu bewundern, welche Rolle nehmen sie in Ihrem Leben ein?

Die Heiligen sind für mich Beispiele, die sich der Gnade Gottes würdig erwiesen haben und auf dem Weg zur Heiligkeit und Güte gewachsen sind. Sie helfen uns mit ihrem Beispiel, voranzuschreiten und uns dem Herrn zu nähern. Ich hatte in meiner ersten Kindheit in der Seminarzeit eine Lieblingsheilige. Der Beichtvater schlug mir vor, sie so zu betrachten, als wäre ich auf spirituelle Weise in sie verliebt. Es ist die Hl. Gemma Galgani aus Lucca, die, wie ich schon sagte, im Alter von 25 gestorben ist.

Auch jetzt fühle ich mich dieser Heiligen noch immer sehr stark verbunden, weil sie die größte Mystikerin des

Ich werde Dir folgen, o Herr, und auf Deinen Wegen gehen

Ich werde Dir auf dem Weg der Freude folgen

Ich werde Dir auf dem Weg der Liebe folgen

Und der Welt das Leben schenken

vergangenen Jahrhunderts ist, außerdem war sie sehr schön, wie man dort auf dem Bild sehen kann. *(Seine Augen leuchten, und in seine Stimme schwingt Bewunderung)* Sie wurde zur „Miss Santa" erklärt. Ihr Schweigen, ihre Bereitschaft, Opfer zu bringen, ihre Demut, sich ganz dem Willen Gottes zu übergeben, obwohl sie nicht verstanden und sogar von ihrer Familie misshandelt wurde, haben mich sehr beeindruckt. Sie ist ein großes Beispiel für mich.

Betrachten Sie Ihr Leben als Bruder als ein Opfer?

Ja, natürlich. Sich Gott ganz zu widmen bedeutet nichts anderes als etwas zu opfern, bereit zu sein auf Verzicht. Es ist ein unentwegter Kampf, man muss immer in sich selbst gegen etwas angehen. Der hl. Franziskus sagte, dass wir bis zum Sterbebett kämpfen müssen. Auf seinem Sterbebett sagte er seinen Mitbrüdern: „Lasst uns anfangen, etwas zu tun, weil wir bis jetzt nichts getan haben." Es gibt immer diese Möglichkeit, diese Pflicht der Umkehr, etwas besser zu machen, als wie man es bisher getan hatte.

Aber natürlich gibt es viele wunderbare Dinge, nämlich die Freuden, die man erfährt, sowie das Glück, wenn man Herausforderungen bewältigt hat. Jesus hat es klar und deutlich gesagt: „Fürchtet euch nicht, ich werde immer bei euch sein. Eure Traurigkeit wird sich in Freude verwandeln." Wir sehen aus dem Leben der Heiligen, die, obwohl sie im größten Leid lebten und von anderen verachtet wurden, dennoch die heitersten Menschen waren. Ich brauche Gott so sehr. Ich bitte Ihn, mir zu helfen, Franziskus nachzufolgen, wie er die Freude und die Schmerzen lebte.

Pater Valerio, seit ungefähr 55 Jahren gehen sie den franziskanischen Weg. Welche Bedeutung haben für Sie die Armut, die Keuschheit und der Gehorsam?

Sagen wir, dass sie drei Pfeiler sind, die uns helfen voranzuschreiten, die uns führen, so wie die Gleise den Zug dazu bringen, einen bestimmten Weg zu folgen. Sie vereinfachen das Gleiten des Zuges, denn wenn die Gleise nicht da wären ... Also einerseits sind die drei Gelübde Elemente, die etwas erzwingen, andererseits helfen sie zu wachsen; sie sind drei Mittel, die uns dazu dienen, näher bei Christus zu leben.

Unser Leben der totalen Konsekration ist klar und eindeutig auf das „Himmelreich" (Matthäus 19,12) ausgerichtet, das heißt auf die „Dinge des Herrn". Dieses Reich ist bereits gegenwärtig, und es lohnt sich, „alles um seinetwillen" zu verkaufen, von allem loszulassen. Das bedeutet, einige Menschen, nämlich die Geweihten, wählen es, ebenso zu leben, wie es an dieser Stelle in der Heiligen Schrift vorgeschlagen wird.

Pater, ist das Gelübde der Keuschheit nicht wie ein großer Felsbrocken auf dem Weg?

Ich kann jetzt wirklich keine Beichte abgeben. *(Er fängt an zu lachen.)* Ich habe auch Miseren erlebt, das ist klar. Und wir wissen, dass auch der hl. Franziskus in Versuchungen geraten ist und versucht hat, sie zu überwinden ... er hat darüber gesiegt! Aber die Sünde geschieht, wenn man nachgibt. So lange man die Versuchung spürt und Widerstand leistet ist es keine Sünde, sondern ein erworbener Verdienst. Es ist evident, dass, wenn jemand großherzig auf den Ruf des Herrn antwortet, ihm eine große Belohnung zuteil wird: man verzichtet zwar auf eine Frau, aber man hat viele andere Frauen, man verzichtet auf die Mutter, aber man gewinnt viele andere Mütter.

Es ist klar, dass in der Jugend das härteste, das schwierigste, ich weiß nicht, wie ich das sagen soll, das am meisten Opfer, Kontrolle kostet, das Gelübde der Keuschheit ist. Die Sexualität ist eine sehr große Energie, die Gott unserem Geist, unserem Körper und unserer Seele zur Verfügung gestellt hat. Jeder von uns hat sie erfahren; es ist eine Energie mit einem unglaublichen Potential.

Wir versuchen also, diese Energie zu bremsen oder, besser gesagt, sie für ein anderes Ziel einzusetzen. Dadurch kommt es zu einer Art von Sublimierung des Sexuallebens. Es ist nicht so, dass wir diese Energie ausschalten wollen, aber wir benutzen sie, wenn die Anziehung zum anderen Geschlecht da ist, indem wir sie auf ein anderes Ziel richten. Das ist nicht einfach zu erklären. Wie ich schon sagte, in der Jugend ist das Gelübde der Keuschheit das schwierigste.

Nun, wo ich ein gewisses Alter erreicht habe, sage ich oft, dass ich heutzutage viel mehr als früher das Bedürfnis nach einer Frau verspüre, nicht so sehr wegen der Sexualität, sondern um eine Gefährtin, eine Hilfe, eine Unterstützung, ein Lächeln zu bekommen, so ein Lächeln, mit dem Sie mich gerade anschauen. Aber jetzt scheint mir das härteste der drei Gelübde das des Gehorsams zu sein, weil man den Oberen gehorchen muss, auch wenn man es am liebsten nicht täte.

Was die Armut betrifft, so besitzen wir nichts vor Gott. Wir sind arm im Geist, aber „omnia possidentes", das heißt, es fehlt uns nichts zum Leben, so wie es der Apostel Paulus sagt (2 Korinther 6,10). Ich sage das, weil ich an so viele Brüder denken muss. Ich bin 10 Jahre lang in Brasilien in der Mission gewesen, wo ich Familien mit vielen Kindern gesehen habe, die keinen Platz zum Schlafen haben, die nicht wissen, was sie essen sollen, die keine Medikamente bekommen wenn sie krank sind, und, wenn sie zur Schule gehen müssen, keine Beförderungsmittel dazu vorhanden sind. Sie haben keine Möglichkeit, ins Krankenhaus zu gehen usw. Sie befinden sich in einem absoluten, ich sage nicht Armut, sondern totalen Elend. Wir legen zwar das Gelübde der Armut ab, aber es sind die anderen, die es befolgen!

Sie sind 10 Jahre lang in der Mission in Brasilien gewesen. Es scheint mir, dass es in ihrem Orden möglich ist, die Begabungen in die Tat umzusetzen, die in uns vorhanden sind.

Wenn man die Geschichte der franziskanischen Familie betrachtet, fallen einem die vielseitigen Möglichkeiten, sich auszudrücken, direkt ins Auge: es gibt Konstrukteure, Mystiker, Dichter, Denker, Humoristen, Zauberer, Religionslehrer und auch den Päpstlichen Hausprediger. Gott sei Dank haben wir die Möglichkeit, in unserem Orden das, was man in sich spürt, in die Tat umzusetzen, vorausgesetzt natürlich, dass es in den Rahmen der brüderlichen Gemeinschaft passt.

Sie wirken sehr bescheiden und zur gleichen Zeit vermitteln Sie auch Autorität. Gibt es in Ihrem Leben etwas, vor dem Sie sich fürchten? Seien es Herausforderungen, Versuchungen, oder haben Sie Angst, sich einmal zu verlieben?

Die Angst mich zu verlieben, die habe ich jetzt nicht mehr. Ja, was erschreckt mich? Ich würde sagen, dass ich mich im Laufe meines Lebens irgendwie geändert habe, vom psychologischen Gesichtspunkt aus gesehen, und zwar in der Weise, dass ich beinah ein Pessimist geworden bin, während ich früher ein Optimist war. Als junger Mensch war ich extrovertiert, vielleicht sogar in übertriebener Form. Ich habe auch ein Buch geschrieben, das ich dem Papst geschenkt habe. „Fra Valerio … poco serio" (Bruder Valerio – wenig ernst). Durch diverse Umstände bedingt, habe ich mich immer mehr verschlossen, und zeitweilig litt ich sogar unter Depression. Das ist für einen Bruder ein bisschen demütigend, aber auch wir sind nur Menschen.

Ich würde sagen, dass ich mich so sehe wie jemand, der in einem Zustand von Angst lebt. Ich habe beinahe Angst, mit meinen Oberen zu sprechen, dass sie meine Handlungsweise nicht akzeptieren, oder dass ich aus den Gleisen gerate, dass ich nicht mehr in meiner Berufung so konsequent dem Weg folge, wie ich ihn früher einmal gegangen bin. Ich lebe in diesem Zustand der Ungewissheit. Aber ich sage immer: „Herr, nimm mich so an, wie ich bin. Ich kann Dir nichts anderes geben!"

Wenn ich spazierengehe, spreche ich oft mit Gott auf persönliche Weise, ich sage: „Du kannst alles, Du kannst mich vervollkommnen, Du kannst mich bereichern, Du kannst über mich bestimmen, wenn Dir das nicht gelingt, dann nimm mich so an wie ich bin. Ich biete dir meine Missgeschicke an, mein Alter, meine Schwächen, ich bitte dich um nichts", und der Herr hört mir zu und ... Er antwortet ... und ich muss gestehen, Er hat mir sogar schon zuviel geschenkt ... *(seine Stimme wird zu einem Flüstern.)*

Bruder Valerio, wer ist Gott für Sie? Betrachten Sie Ihn wie einen Freund, einen Bruder, einen Vater oder wie eine Mutter?

Das ist eine sehr schöne Frage. Ja, oft wende ich mich an Ihn wie an den Schöpfer, wie an einen Vater von allen Geschöpfen. Franziskus betrachtete sich selbst als Bruder von allen, er nannte alle Schwester oder Bruder, beinahe so, als ob wir eine einzige Familie, eine einzige Verwandtschaft wären. Ich sehe Gott vor allem als Vater, als Schöpfer aller Dinge. Um die Wahrheit zu sagen, sehe ich Ihn nicht sehr wie einen Freund, obwohl es so sein sollte, denn Er liebt uns, und deshalb darf ich auch „Du" zu Ihm sagen. Aber dennoch sehe ich Ihn als eine Existenz, die weit von mir entfernt ist, und so wende ich mich an Gott mehr mit Respekt als mit Liebe ... Ich bin noch dabei, darüber nachzudenken ...

Ich bemühe mich darum, dass diese persönliche Beziehung immer mehr wächst. Wenn ich einen Spaziergang mache – ich gehe immer 5 oder 6 km, das muss ich wegen meines Diabetes und des Blutdrucks –, dann spreche ich sehr intim, sehr persönlich zu Ihm. Ich duze Ihn, manchmal schimpfe ich auch und sage: „Du sagst, dass Du mich liebst, zeige es mir, Du, der Du alles kannst, mach, dass dieser alter Baumstamm sich biegen kann. Du, der Du alles vermagst, der Du auch Tote wieder lebendig machen und Adamssöhne aus Steinen hervorbringen kannst, mach etwas aus mir!" Ich bemühe mich darum, einen Tag nach dem anderen, diese persönliche Beziehung lebendiger zu gestalten.

Hat sich etwas in Ihrem Verhältnis zu Gott verändert, seitdem Sie ein Ordensbruder geworden sind?

Sicher. Auch auf Grund eines natürlichen Prozesses. Als ich jung war, war ich spontaner, sentimental und einfach. Jetzt bin ich reifer und rationeller. Wenn ich an meine damalige Religiosität zurückdenke, gebe ich zu, dass ich vieles bedauere und emotional werde. *(Seine Stimme wird immer leiser.)* Wie schon erwähnt, als ich jung war, lebte eine unglaubliche Religiosität in mir. Es war eine brennende, überschwengliche Religion. Wenn ich daran zurückdenke, könnte ich beinahe weinen ...

Und ich bin der Meinung, wenn ich mit diesem Elan weitergemacht hätte, wäre ich heute vielleicht nicht ein hl. Franziskus, aber eine hl. Gemma Galgani, denn die schönsten Stunden verbrachte ich in der Kirche, nicht um mich anderen zu zeigen, es waren die schönsten Stunden! Wenn ich kleine Steine vorm Spazierengehen in meine Schuhe steckte, dann tat ich es aus Liebe, um mich ganz mit dem Leiden Christi zu vereinen.

Ich war immer fröhlich und zufrieden. Dann klang nach und nach diese jugendliche Begeisterung etwas ab ... *(Er macht eine Pause, bevor er weiterredet, er scheint sich für einen Augenblick sehnsüchtig in diese lebendigen Erinnerungen zu versenken.)* Heutzutage sehe ich die Religiosität mit anderen Augen unter einer anderen Perspektive: es ist nicht dieses Dastehen mit gefalteten Händen, sondern es ist der Geist der Unterwerfung, des Sich-Gott-Ergebens und die menschlichen Unzulänglichkeiten zu akzeptieren, so wie sie kommen.

Das Leben bringt viele Überraschungen mit sich. Mit den Jahren ändert sich der Blickwinkel, man sieht die Dinge unter einem anderen Aspekt. Wenn ich ein schönes Mädchen auf der Straße sehe, lobe ich den Herrn. Es ist nicht mehr so wie früher, als ich es vielleicht mit dem Wunsch bewunderte, es zu besitzen. Das geschieht jetzt nicht mehr, vielmehr ist es eine Gelegenheit, dem Herrn zu sagen: „Wie groß Du bist, Herr, Du wiederholst Dich nie, Du drückst Dich in vielen Blumen aus, in so vielen schönen Dingen, durch so viele Düfte ..."

Jeden Tag nehmen sie an der hl. Kommunion teil. Ist das der schönste Augenblick des Tages für Sie?

Leider fühle ich nicht soviel, wenn ich dieses große Geschenk der Vereinigung mit Ihm empfange. Es ist nicht wie bei den Heiligen, für die die Eucharistie die Seele ihres Lebens ist. Ich habe, obwohl ich die Messe jeden Tag und auch mehrmals am Tag, besonders sonntags, zelebriere, eine etwas kühlere, distanzierte Beziehung zur Eucharistie.

Aber wenn ich in der Kirche längere Zeit in Anbetung verweile, vor allem wenn ich allein vor der Eucharistie knie, oder auch wenn ich nur die Monstranz anschaue, dann ist es Gott, der wirklich zu mir spricht, der bei mir ist. Oft fühle ich mich eingehüllt von Seiner großen Liebe, und ich tauche ein in Seine Gegenwart.

Es gibt auch andere Momente, in denen ich anfange, Gott zu preisen, zum Beispiel beim Betrachten der Wunder in der Natur. Ich erfreue mich auch an Musik. Wenn ich gewisse Opern der klassischen Musik höre, dann öffnet sich wirklich mein Herz. Mein Lieblingskomponist ist Mozart. Ich habe das Gefühl, dass Gott sich in diesem großartigen Künstler vollkommen ausgedrückt hat. Aber auch die Werke großer Künstler im Bereich der Malerei und der Bildhauerei erfüllen mich mit viel Freude und Bewunderung, sie erwecken Heiterkeit in mir und stärken meinen Glauben. All das sind Ausdrucksformen Gottes, die mich bereichern und mich in einen Geisteszustand der Anbetung, der Verehrung und der Hochachtung versetzen.

Ihr Leben war reich an Erlebnissen. Haben Sie ein Ziel, das Sie erreichen möchten?

Mein größter Wunsch in der Geschichte meiner Berufung war der, in der Mission zu leben und zu sterben. Wir Kapuziner aus Umbrien sind seit 1909 in Amazonien. Deshalb werden wir 2009 den 100. Jahrestag feiern. Wir haben schon einige wichtige Schritte unternommen. Ich musste 1982 nach Italien zurückkehren, um meine Mutter zu betreuen. Ich musste meine Pfarrei in Manaus, die ungefähr 20.000 Seelen zählt, verlassen, um meiner Mutter beizustehen, die im Jahr 1983 gestorben ist. Ich bin also 10 Jahre „draußen" gewesen.

Vier Mal habe ich den Antrag gestellt, zurück in die Mission zu gehen. Mit meinen Beinen bin ich zwar hier, aber mein Herz ist in Brasilien. Aber die Oberen haben es nicht genehmigt und gesagt, dass ich wegen der Arbeit, die ich erledige, hier nützlicher bin. In der Mission hatte ich eine sehr spezielle Tätigkeit: ich betreute die Familien der Leprakranken, es gibt auch ein Krankenhaus, das meinen Namen trägt.

Ich werde immer noch der „Vater der Armen" genannt, weil, na ja, ich habe etwas gegeben. Aber ich möchte sagen, dass es wesentlich mehr ist, was ich bekommen habe; 10 Jahre in der Mission haben mich zutiefst auf der menschlichen und spirituellen Seite bereichert. Ja, ich fühle eine tiefe Bereicherung: ich habe gegeben, aber ich habe viel mehr bekommen ... *(Er ist ruhig, schweigt ... schaut mit gesenktem Kopf auf den Boden.)*

Freude und Traurigkeit … Einmal befinden wir uns hoch oben auf dem Gipfel und ein anderes Mal tief unten im Tal … Wenn Sie die Möglichkeit hätten, einige Regeln im franziskanischen Orden zu verändern, was würden Sie dann reformieren?

Vielleicht würde ich die Art der Beziehungen zwischen uns reformieren, das heißt die Bedeutung der Bruderschaft, des gegenseitigen Respekts und auch der Gleichrangigkeit. In unserem Leben ist es vorgesehen, dass die Oberen das Leben in den Klostern regeln, und die Brüder, da sie das Gelübde des Gehorsams abgelegt haben, ihren Willen respektieren müssen. Aber wie überall, und so auch bei uns, kann der Missbrauch dieses „Amtes" zu großen Kontrasten, zu Ungleichheiten führen … Wenn man von seiten der Autorität die anderen Brüder mit einbeziehen würde, um mehr miteinander zu sprechen und sich auszutauschen, dann wäre wahrscheinlich das Leben gemäß dem Geist von Christus etwas leichter.

Auch unter den Aposteln war es so, wer mehr hatte, gab demjenigen, der weniger hatte. Christus, der sich zu der Fußwaschung seiner Jünger erniedrigte, sagte: „Ich bin nicht für die Gesunden gekommen, sondern für die Kranken, nicht für die Gerechten, sondern für die Sünder". Es gibt einige, die sich vor den Mächtigen beugen, die Hand küssen, den Hut abnehmen, und danach vor den Schwachen wieder selbst die Mächtigen spielen. Leider!!

Andreotti sagte: „Ich verachte jene, die im Zusammensein mit den Starken schwach sind und stark, wenn sie mit den Schwachen sind."

Die Heiligen wiederholen, dass die Zufriedenheit nicht von äußeren Umständen, sondern von unserer inneren Einstellung abhängt.

Offensichtlich bin ich kein Heiliger. Ich habe also dieses Stadium der Vollkommenheit, sich ganz mit Gott zu vereinen, so wie es Franziskus gelungen war, nicht erreicht … im Gegenteil, ich habe jetzt viel mehr Defekte, als zu der Zeit, da ich ein Jugendlicher war. Ich bereue so vieles. Ich habe so eine Sehnsucht nach dieser Heiterkeit, nach diesem brennenden Feuer, das damals in mir loderte. *(Sein Blick schweift in die Ferne.)*

Pater Valerio, denken Sie an die Zeit, als Sie 13 Jahre alt waren?

13 und auch 20 Jahre. Auch als Student war ich immer voller Freude. Jetzt fühle ich sie nicht mehr so, das ist es. Aber das besagt nicht, dass ich keinen Glauben habe: ich biete Gott meine Schwächen an. Vieles ändert sich mit dem Alter, dabei müsste es eigentlich umgekehrt sein. Wenn ich an den hl. Franziskus denke, bin ich sicher, dass er viel fröhlicher, viel vollständiger, viel heiterer war als er starb, als zu der Zeit vor seiner Bekehrung.

Er hat sehr darunter gelitten, dass sich seine Brüder untereinander nicht verstanden, und zwar in der Zeit, in der er die Last einer großen Verantwortung trug und auch körperlich litt. Er war krank, er trug die Wundmale, er war ein gekreuzigter Christus. Sein Leben war ein ständiges Aufsteigen zum Himmel. Es ist mir bewusst, wie weit ich von seiner Größe entfernt bin.

Ich würde so gern heilig sein: ich wünschte mir, dass ich mich den Gnaden, die ich von Gott empfangen habe, würdiger erwiesen hätte. In den 74 Jahren, die Er mir geschenkt hat, hätte ich Ihm und meinen Mitbrüdern so gerne ganz gehört. Aber ich spüre, dass sich in mir noch so viel um meine eigene Person dreht … *(Seine Augen werden feucht.)* Ich fühle so viel Sehnsucht in mir und bereue so vieles. Mehr denn je schließe ich mich der Überlegung von Léon

Bloy an: Es gibt nur eine Traurigkeit, die, nicht heilig zu sein.

Tränen sind in seinen Augen, und plötzlich habe ich ein Gefühl – auch wenn ich viel jünger als er bin –, als wäre ich seine Mutter. Ich würde ihn so gerne in meine Arme nehmen … Ich sage ihm, dass ich es wunderbar finde, wie er gelebt hat, und dass es sehr bewegend ist, dass er 10 Jahre lang voll Hingabe in der Mission für andere tätig war, und ich gebe ihm zu verstehen, dass ich sehr inspiriert bin von den Erzählungen über seine Jugend, sowie von den Gebeten und von seiner Aufrichtigkeit … Und dann umarme ich ihn tatsächlich, und ich danke ihm und weiß, dass ich ihn eines Tages wieder treffen werde.

***

Wir sind uns tatsächlich einige Male „zufällig" begegnet, oder aus dem Wunsch, ein wenig miteinander zu sprechen … Aber auch wenn wir nicht die Möglichkeit hatten, viel Zeit miteinander zu verbringen, so verbindet uns eine aufrichtige, freundschaftliche Beziehung. Nachdem ich ihn einige Monate aus den Augen verloren hatte, treffe ich ihn plötzlich am Karfreitag vor der Basilika San Rufino, bevor die Prozession beginnt … Am nächsten Tag kommt er zu mir nach Hause, um mir ein frohes Osterfest zu wünschen.

Es ist eine große Überraschung für mich, die Neuigkeiten in seinem Leben zu hören: In diesem Jahr wird er definitiv nach Brasilien versetzt … Ich kann es nicht glauben, wie ist das möglich? Als er mein Erstaunen wahrnimmt, sagt er lachend: „Ich habe erneut von den Oberen erbeten, nach Brasilien zurückzukehren, um dort der Begegnung mit Bruder Tod (Worte des hl. Franziskus) ins Auge zu sehen, und … es wurde mir genehmigt. Ich muss nur noch einige Monate warten, um ein paar Projekte weiterzuführen, die das

100jährige Jubiläum unserer Anwesenheit in Amazonien betreffen. Mein großer Wunsch ist tatsächlich in Erfüllung gegangen!"

Ich erinnere mich daran, dass er seit 1993 nicht die Genehmigung für seinen großen Wunsch erhalten hatte, nach Brasilien zu gehen, ich weiß noch genau, wie traurig er war, nicht in sein geliebtes Land zurückkehren zu dürfen, und dass er sich dem Gesetz des Gehorsams gebeugt hatte ... Plötzlich kommen mir Tränen vor lauter Freude, ich bin so bewegt, ich bin so glücklich für ihn ... Morgen ist Ostern ... aber für mich beginnt Ostern in diesem Moment. Wir schauen uns in die Augen: „Wie groß ist unser Gott ...", und Bruder Valerio fügt hinzu: „Die Wege Gottes sind unendlich ..."

Bruder Badie Elias

„Es gab nur diesen mysteriösen Tropfen“

Eines Nachmittags bin ich auf den Berg Subasio zur Einsiedelei Eremo delle Carceri gewandert. Der Wald dort oben ist noch immer von der Gegenwart und den Gebeten des heiligen Franziskus durchdrungen. An diesem Ort scheint die Natur vom Heiligen Geist erfüllt zu sein. Die hohen dichten Bäume flüstern sanft im Wind, es ist so friedlich hier. Ich habe den Weg genommen, der zu den verschiedenen Grotten führt, in die sich Franziskus und seine Mitbrüder zurückzogen, um zu meditieren und sich innig mit Gott zu verbinden. Schmale Wege schlängeln sich durch den Wald zur Einsiedelei hinauf, die sich an einem Felsen am Berg festzuhalten scheint. Langsam und bedächtig bin ich den steilen Pfad hinaufgestiegen, um zu den Schwestern zu gehen, und auch um die Brüder zu begrüßen, die oben im Kloster wohnen.

Zu meinem Erstaunen traf ich einen neuen Bruder, einen Bruder, der aus Jerusalem kam! Wir begannen sofort miteinander zu sprechen. Ich erzählte ihm etwas von meinem Leben, und er erzählte etwas von sich und seinen Erlebnissen. Ich fragte ihn, ob wir uns noch am gleichen Abend treffen könnten, denn ich hatte gehört, dass dies sein letzter Abend in Assisi war, bevor er am nächsten Tag nach Rom reisen und von dort nach Jerusalem fliegen wollte. Ich beteuerte, dass ich mich freuen würde, wenn er mir etwas aus seinem Leben mitteilen könnte. „Ich hätte so viele Dinge zu berichten“, antwortete er lachend, „das könnte sicher für viele Menschen interessant sein…“

Ich schaute mir aufmerksam sein länglich geschnittenes Gesicht, seine betonte Nase und seine schwarzen, leuchten-

den Augen näher an. „Also, heute oder nie", erwiderte ich lachend, und warf dabei meine Arme hoch in die Luft: „Bruder Badie, können wir uns heute abend um 20 Uhr treffen?"

Ohne auch nur einen Moment nachzudenken, sprudelte es aus ihm hervor: „Gerne, einverstanden!" Ich blieb zur Anbetung und Vesper in der Kapelle. Eine Schwester saß an der Orgel, Bruder Badie spielte auf einer Gitarre, und eine Novizin begleitete die Melodie mit der Geige. Es ist immer etwas Besonderes für mich, mit den Franziskanern zusammen in diesem stillen und zurückgezogenen Ort zu beten. Nach der Vesper blieben nur noch zwei Stunden bis zum Interview, dass bei mir zu Hause stattfinden sollte. Ich hatte nicht viel Zeit, um mich vorzubereiten, aber ich wollte mich vertrauensvoll von meiner Intuition leiten lassen.

Bruder Badie kam zum festgesetzten Zeitpunkt, und wir setzten uns in mein Wohnzimmer. Kaum begannen wir zu sprechen, spürte ich, dass der Bruder plötzlich distanziert war, so als ob er sich nach innen zurückgezogen hätte.

Bruder Badie, ich bin so gespannt, etwas über dein Leben zu hören. Woher kommst du?

Aus Israel.

Bist du direkt aus Israel hierhergekommen?

Nein, ich komme gerade von Perugia. Ich nehme dort an einem Italienischkurs teil, um meinen Sprachstil zu verbessern.

Bruder Badie, du bist noch so jung, wie alt bist du jetzt?

Ich bin 29 Jahre alt.

Seit wann bist du Franziskaner?

Seit vier Jahren. *(Ich fange an, etwas unruhig zu werden, er wirkt so unnahbar, und es kommt mir so vor, als ob ich ihm jedes Wort aus der Nase ziehen müsste.)*

Ist es nicht ungewöhnlich, ein Franziskaner in Israel zu sein?

Ja, in meinem Land schon. Der Gedanke, ein Franziskaner werden zu wollen, wird nicht gerade geschätzt ... leider ... Meine Eltern waren nicht besonders gläubig, und deshalb ging ich als kleiner Junge natürlich nicht oft in die Kirche. Mit 10 Jahren habe ich am Katechismusunterricht teilgenommen, um dann die erste Kommunion zu bekommen. Aber danach bin ich nicht mehr in die Kirche gegangen.

Sehen dich deine Eltern inzwischen als Vorbild, so dass sie den christlichen Glauben jetzt mehr praktizieren?

Ja, absolut!

Was ist in deinem Leben passiert? Was hat dich plötzlich dazu bewogen, Bruder werden zu wollen?

Ehrlich gesagt, hätte ich es niemals in meinem Leben für möglich gehalten, ein Bruder werden zu wollen! Als diese Gedanken auftauchten, habe ich sie gleich wieder weggeschoben, ich kannte ja nicht einmal die Franziskaner! Nachdem ich die Schule beendet hatte, vernahm ich eine innere Stimme, aber ich wollte das nicht wahrhaben, und ich sagte: „Lieber Gott, lass mich in Ruhe, ich will mir einen Wagen kaufen, ich will die Technische Hochschule absolvieren, ich will ein Unternehmer werden, ich will Geld verdienen ... Schluss damit!" So sahen die Ziele in meinem Leben aus ...

Nach dem Abschluss der Oberschule fing ich an, diese Projekte zu verwirklichen. Ich habe ein Unternehmen gegründet; ich arbeitete und studierte gleichzeitig, so dass ich mir sogar einen neuen Wagen kaufen konnte. All das habe ich Gott zu verdanken und nicht mir selbst, denn ich bin nur ein armseliger Mensch *(Bruder Badie lacht)*. Diese Dinge waren sehr wichtig für mich: ich hatte Geld, ich war ein Unternehmer … 15 Männer arbeiteten für mich! *(Mein Gesichtsausdruck muss wohl ziemlich erstaunt sein, denn Bruder Badie nickt bestätigend mit dem Kopf. Aber um sicherzugehen, wiederhole ich doch noch einmal meine Frage.)*

Bruder Badie, du hattest 15 Angestellte, die alle für dich arbeiteten? Und du warst erst 22 Jahre alt?

Ja, genauso ist es … Es war mir gelungen, innerhalb von vier Jahren mit Gottes Hilfe verschiedene Projekte zu verwirklichen. Ich hörte zwar den Ruf, ins Kloster zu gehen, aber ich hatte kein Interesse daran. „Lieber Gott, lass mich in Ruhe“, antwortete ich. Etwas regte sich in meinem Inneren, aber es war noch nicht stark genug, außerdem ging ich ja auch nie in die Kirche! Ich spürte, wie mich innerlich etwas antrieb, aber ich ging keinen Schritt in dieser Richtung voran. Ich war begeistert von meiner Arbeit und wollte all das in die Tat umsetzen, was mir als wichtig erschien. Ich dachte, dass alles in meinem Leben in Ordnung wäre, so wie es war, ich hatte sogar eine Verlobte. Langsam aber sicher begann ich an all diesen Dingen das Interesse zu verlieren, und schließlich kam es dazu, dass ich unzufrieden und enttäuscht war. Ich besaß zwar Geld, und ich war in der Welt umhergereist, aber nichts schenkte mir das Glück, das ich suchte. In meinem Inneren war eine tiefe Leere … *(Bruder Badie schaut nach unten.)*

Ich habe meinen Eltern nichts davon erzählt, denn sie waren es gar nicht gewohnt, an meinem persönlichen Leben teilzunehmen. Meine Familie arbeitete mit mir; mein Vater, mein Onkel und meine Freunde waren bei mir angestellt. Ich war der Chef.

In dieser Zeit der existentiellen Unzufriedenheit begann ich mit einigen Freunden über diese Dinge zu sprechen. Ich bin sogar wieder in die Kirche gegangen, allerdings nur zu Ostern und zu Weihnachten – ohne die Kommunion zu empfangen –, na ja, alle gingen zu dieser Zeit in die Kirche. So ist es eben bei uns, man geht nur am Karfreitag, zu Ostern und zu Weihnachten in die Kirche. Aber etwas zog mich an, es gab dort einen wunderschönen Chor, von dem ich ganz beeindruckt war, und deshalb sagte ich zu meinem Freund: „Hör mal, lass uns im nächsten Jahr im Kirchenchor mitsingen", und er antwortete kurz: „Ja, ja, in Ordnung ... von mir aus."

In dem Chor sang auch eine Cousine von mir. Ich fragte sie, was ich tun müsste, um eintreten zu können. Ich hatte eine schöne Stimme, und sie empfahl mir, mit dem Pfarrer zu sprechen. Ich bat meinen Freund mitzukommen, aber er wollte nicht. Er dachte, ich würde einen Scherz machen. So ging ich alleine, und ich wurde im Chor aufgenommen. Nach und nach bin ich immer häufiger in die Kirche und zur Messe gegangen.

Das war der Anfang eines neuen Lebens. Ich betete viel und dachte immer wieder an die Jungfrau Maria. Am Freitag hatten wir die Musikproben vor den Gebeten, danach verweilte ich für einige Zeit in diesem verinnerlichten Zustand. So bin ich in eine spirituelle Welt eingetreten, die ich bis dahin noch nicht kannte. Ich lernte den Pfarrer, die Schwestern und die Messdiener kennen, und es entwickelten sich neue Freundschaften. Ein Jahr später fing ich an, den Katechismus für die Kinder zu unterrichten, und ich trat den Pfadfindern bei.

Ich setzte meine Arbeit als Leiter eines Bauunternehmens fort, das sich innerhalb der Stadt um viele verschiedene

Aufgaben kümmerte. Ich war sehr beschäftigt, aber ich versuchte dennoch, so oft wie möglich in die Kirche zu gehen. Ich war anders geworden. Mein Vater, der diese Veränderung an mir nicht gerne sah, versuchte mich zu bremsen. „Du hast alles, du hast deine Arbeit, du verdienst gut, du bist ein Chef, du brauchst die Kirche nicht. Arme Leute gehen in die Kirche." Das war seine Einstellung! Meine Mutter war anders. Sie sah keine Probleme. Später sollte es zu einer großen Krise kommen.

Vier Jahre danach war ich in der Kirche sehr engagiert. Ich verbrachte dort fast den ganzen Tag, ich half überall, wo man mich brauchte. Dennoch vernahm ich eine Stimme in mir, dass ich mich noch nicht genug einsetzen würde, dass ich noch mehr tun könnte. Zwei Mal in der Woche unterrichtete ich Katechese für die 10- bis 12jährigen Kinder, und ich engagierte mich als Leiter bei den Pfadfindern. Ich habe ihnen so viele Dinge beigebracht. Aber auch das genügte noch nicht ... irgend etwas fehlte mir ... ich war nicht zufrieden ... ich fühlte, dass ich noch mehr geben sollte ...

Mein Vater war gegen mich ... Er wies mich immer wieder darauf hin, dass ich eine wichtige Person in unserem Ort war, dass ich alles hatte, und mich von der Kirche abwenden sollte. Ich besuchte sie weiterhin, allerdings heimlich, denn ich wollte keine Probleme mit ihm haben. Seine Mentalität stand im vollen Kontrast zu meiner. Ich vermied es, mich von ihm sehen zu lassen, weil es sonst Streit gegeben hätte. Wenn er nur meinen Wagen in der Nähe der Kirche geparkt sah, konnte ich an dem Tag nicht nach Hause gehen... Ich ging dann in die Nähe eines Sees, um dort zu schlafen. Es war mir gleichgültig, ob sich mein Vater ärgerte. Ich bin stur, und wenn ich einmal beschlossen habe, eine Sache zu tun, dann tue ich sie auch. Schluss fertig aus! *(Seine Worte und seine Haltung sind voller Dynamik!)*

War das damals die Zeit, in der du den wirklichen Ruf vernommen hast?

Nein, ich hatte ihn schon als Jugendlicher gespürt, aber damals sträubte ich mich dagegen und sagte: „O Gott, jetzt nicht, lass mich in Ruhe." Nachdem ich vier Jahre lang regelmäßig die Kirche besucht hatte, vernahm ich wieder den Ruf, aber dieses Mal so intensiv, so stark, dass ich mir vornahm, Gott mein ganzes Leben zu geben, das heißt, ich wollte Priester werden. Aber ich hatte nicht den Mut, mit meinem Vater darüber zu sprechen. Deshalb sprach ich mit meiner Mutter. Sie erzählte alles meinem Vater, und das schlug wie eine Bombe ein! Das hätte er absolut nicht von seinem ältesten Sohn erwartet. Meine Großmutter und meine Tante hatten bereits alles für meine Hochzeit vorbereitet.

Ich könnte mir vorstellen dass das ein Schock für deine Familie war, so kurz vor deiner Hochzeit von diesen Plänen zu hören!

Ja, vor allem für meinen Vater. Ich nahm eine wichtige Stelle in der Familie ein. Ich brachte das Geld nach Hause, und mein Vater und meine Brüder arbeiteten für mich. Mein Vater war stolz auf unseren Status, uns fehlte es an nichts. Es war nicht leicht für ihn, meine Wahl zu begreifen. Ich verstehe das. Eines Nachts hatten wir eine lange Diskussion. Mein Vater ist ein guter Vater, wirklich, er ist gut, aber wenn er sich über etwas ärgert …

Meine Heimat hat 18000 Einwohner, davon sind 4000 Christen. Meine Heimat ist sehr alt, sie stammt aus der Zeit von Jesus. Es gab bis jetzt noch nie eine Berufung bei uns, es gab weder Priester noch Schwestern noch Brüder. Ich war der erste im Land, der Priester werden wollte! Für die Bevölkerung war es nicht leicht, so ein Ereignis zu akzeptieren, ja zu sagen zu jemandem, der sagt: „Ich will Priester werden". Ich hatte viele Freunde und Kollegen, die für mich arbeiteten. Es fiel mir schwer, ihnen mitzuteilen und verständlich zu machen, dass ich sie verlassen wollte, um Priester zu werden.

Die ganze Familie war von meiner Firma abhängig, die auf meinen Namen eingetragen war. Mein Vater konnte mich nicht in der Geschäftsführung ersetzen, weil alles von mir abhing. Alles wäre mit meinem Rücktritt zusammengebrochen. Und genau das trat auch ein: mein Bruder konnte die Firma nicht verwalten, und mein Vater, der mein Angestellter war, konnte das Unternehmen nicht weiterführen, weil es eben auf meinen Namen eingetragen war.

Die Leute haben mich für verrückt gehalten. Viele Kollegen und Freunde wollten weiterhin bei mir arbeiten, sie wollten ein schönes Leben führen, ein tolles Auto besitzen und natürlich keine Geldprobleme haben. Für sie war die Tatsache, dass ich alles aufgeben wollte, um Priester zu werden, absurd. In der Nacht, als ich mit meinem Vater sprach, wollte er unbedingt, dass ich meine Arbeit weiterführe, deswegen hätte ich ja auch die Ingenieurschule besucht. Er sagte, ich hätte doch drei Autos, wozu sollte es denn dienlich sein, ein Priester zu werden und alles fallenzulassen? Wir haben uns gestritten, er war stur, und am Ende sagte er, dass ich mich fortscheren sollte, und er jagte mich regelrecht aus dem Haus.

So wie es Franziskus ergangen war.

Ich rannte von zu Hause fort. In den nächsten sechs Monaten wohnte ich in einem 3 qm großen Zimmer. Dort habe ich vollkommen einsam gelebt. Meine Mutter konnte nicht zu mir kommen. Ich aß allein, ich machte alles selbst. Das Zimmer war so klein ... Mein Vater hatte meiner Mutter verboten, mir etwas zu Essen zu bringen. Sie hat so viele Tränen vergossen, aber was konnte sie schon tun?

Wie hast du unter diesen Bedingungen gelebt, konntest du trotzdem in die Kirche gehen?

Ja, schon. Mein Vater arbeitete woanders, aber er hat mich nicht in Ruhe gelassen, die ganzen sechs Monate nicht, in denen ich dort wohnte ... Er schickte oft Leute zu mir, die mit mir sprechen sollten, ältere Leute, die im Land bekannt und wichtig waren. Sie kamen zu mir und empfahlen mir, zurück nach Hause zu gehen. Ich erwiderte, dass ich das nicht wollte, denn zurückzukehren hätte bedeutet, darauf zu verzichten, Priester zu werden, es hätte bedeutet, meine Arbeit wieder aufzunehmen, so als ob nichts geschehen wäre, und das wollte ich nicht.

Ich erinnere mich an ein seltsames Ereignis. Ich schlief unter dem Zimmer meines Onkels ... Er kam einmal plötzlich gegen Mitternacht in mein Zimmer, hob die Tür aus den Angeln, zerbrach sie wütend und misshandelte mich. Er schubste mich hin und her, er tat mir richtig weh! Nach diesem Ereignis schlief ich einige Nächte lang ohne Tür ... Es war eine schreckliche Situation ... Mein Vater war immer auf der Suche nach mir, und in diesem qualvollen Zustand überlegte ich, vielleicht doch nach Hause zurückzukehren ...

Wie war deine Beziehung zu Gott und zu Jesus während dieser Prüfung?

Ich habe oft gebetet, vielleicht betete ich intensiver als sonst. Ich flehte um Hilfe! In diesen Augenblicken habe ich Gott wirklich wie einen Vater gespürt ... Mein Vater schickte verschiedene Personen zu mir, die darauf bestanden, dass ich zu ihm zurückkehre. Ich erwiderte, dass ich keinen Vater auf Erden hätte, dass ich nur einen Vater im Himmel hätte! Es war eine entsetzliche Zeit für mich ... An der Haustür meines Onkels waren so viele Zeichen von

Messereinschnitten zu sehen, wer weiß, vielleicht wollte er mich töten? Ach, es gibt so viele Sachen, die ich nicht einmal erzählen kann ... Na ja, am Ende habe ich aufgegeben und bin zu meinem Vater zurückgekehrt, und ich habe meine Arbeit wieder aufgenommen.

Eine Nachbarin von uns war über diese traurigen Ereignisse genau informiert. Sie wusste auch, dass der Grund für alle Schwierigkeiten darin bestand, meinem Wunsch zu folgen, Priester zu werden. Sie machte einen Zaubertrunk für mich – was ich erst später erfahren habe –, um zu verhindern, dass ich Priester werde. Ich erinnere mich, dass sie mich dieses Zeug trinken ließ, es schmeckte nach Orangeade. Ich trank ... und mein Wunsch, Priester zu werden, war verschwunden. Aber der Teufel war in mich gefahren, ohne dass es mir bewusst war, leider ...

Ich erinnere mich nur an wenige Sachen aus dieser Zeit. Ich konnte den Namen Jesu nicht mehr aussprechen, und wenn ich es wollte, dann hatte ich das Gefühl, als ob ein Stein meine Zunge blockierte. Ich hatte mich total verwandelt, und all meine Freunde verließen mich, weil ich sie immer verfluchte. Wenn sie mich grüßten, antwortete ich mit unanständigen Wörtern. Ich musste auch an Frauen denken ...

Mein Vater stritt sich immer mehr mit meiner Mutter und mit meiner Schwester. Ich war böse zu allen um mich herum. Ich war vom Teufel besessen, der mir zuflüsterte, gewisse Dinge zu sagen oder zu tun. *(Er wird ganz aufgeregt und schüttelt sich.)*

Hattest du nicht mehr den Wunsch Priester zu werden?

Nein, ich habe mich an überhaupt nichts mehr erinnert. Ich hatte diesen Gedanken vollkommen vergessen. Aber ich erinnere mich an eine Sache, weshalb ich mich schließlich von der Kirche entfernt hielt. Ich weiß noch, dass ich von

Zeit zu Zeit zur Messe ging. Ich blieb immer in der letzten Reihe sitzen ... Eines Tages hatte sich das Gesicht des Priesters total verändert ... Er sah ganz anders aus. Seine äußere Gestalt hatte die eines Teufels angenommen, er hatte riesige Ohren und Augen ... Ja, er war wirklich eine andere Person ... *(Der Körper von Bruder Badie fängt an sich zu krümmen und aufzubäumen, so als ob er das Erlebte noch einmal voller Angst an sich erfahren würde.)*

Ich werde das nie vergessen können. Er versetzte mich in Angst und Schrecken, so dass ich während der Messe aus der Kirche rannte und nicht mehr zurückkehrte. Ich habe keine Veränderung in mir selbst gespürt, aber nachdem ich den Priester so entsetzlich verunstaltet gesehen hatte, bin ich nicht mehr in die Kirche gegangen. Er hat mir wirklich wahnsinnige Angst eingeflößt, weil er wie ein Teufel aussah. Ich war wütend auf alle und voller Bosheit.

Als ich eines Tages von einem Berg hinunterfuhr, wollte ich mich umbringen und meinem Leben ein Ende setzen. Ich fuhr mit dem Wagen hinunter, aber irgend etwas hinderte mich an meinem Vorhaben. Vielleicht hielt mich Gott im letzten Moment davon ab. Ich habe wiederholt versucht, mich zu töten ... einmal mit einem Seil in meinem Zimmer ... Ich war so einsam und litt unter der Last vieler Gedanken, und ich spürte, wie der Teufel um mich herumschlich.

Das muss ja eine furchtbare Zeit gewesen sein! Glaubst du, dass dein Vater diese Magierin veranlasst hatte, dir etwas in das Getränk zu mischen?

Nein. Sie hatte es aus eigener Initiative getan. Sie war eine Freundin der Familie und wollte auf ihre Weise helfen, etwas Gutes für mich tun. Wie ich schon sagte, an diese Zeit erinnere ich mich nicht so genau. Vielleicht bin ich am Ende wieder in mein kleines Zimmer im Haus meines

Onkels zurückgekehrt, denn mein Vater hatte mich wieder aus dem Haus geworfen. Eines Tages kamen einige Freunde zu mir, um mich in die Kirche zu bringen. Ich wollte absolut nicht dahin und wehrte mich, und so fing ich an, mich zu öffnen. Ich vertraute mich ihnen an und berichtete, was alles passiert war.

Das hat lange gedauert, bis du dich deinen Freunden anvertrauen konntest und von deinen Erlebnissen erzählt hast. Wie haben sie darauf reagiert, haben sie sich über dich lustig gemacht?

Nein, denn diese angsteinjagenden Ereignisse in meinem Leben hatte ich nicht irgendwo gelesen oder erfunden, ich hatte sie wirklich erlebt, hautnah, und meine Freunde sahen, wie mein Leben anders geworden war. Eines Tages überzeugten sie mich, mit ihnen auf den Platz vor der Kirche zu gehen. Bei uns trifft man sich dort, um miteinander zu reden, man kann auch etwas essen und trinken, man steht zusammen ein bisschen herum, und manchmal kommt auch der Priester dazu. Er kam auch an diesem Tag, aber ich hatte große Angst, dieses furchterregende Gesicht wieder zu sehen. Ein Freund schlug vor, in das Büro des Priesters zu gehen. Und das haben wir gemacht.

Meine Freunde ließen mich mit ihm allein. Ich glaube, dass sie das bereits vorher so geplant hatten. Als ich den Priester sah, bekam ich tatsächlich wieder solche Angst vor seinem teuflischen Gesichtsausdruck, dass ich so schnell ich konnte nach draußen auf den Platz rannte. Zwei meiner Freunde hielten mich jedoch an, sie packten mich und brachten mich wieder hinein, um zu beten. Der Priester betete, und ich zitterte wie Espenlaub. Er aber betete unentwegt weiter, ab und zu machte er eine kleine Pause, dann nahm er mit eindringlicher Stimme sein Gebet wieder auf!

Etwas Schwarzes, Undefinierbares kam hinter seinen Schultern hervor ... ich werde das nie vergessen können ... Das jagt mir auch jetzt, wenn ich nur daran denke, einen riesigen Schrecken ein ... etwas Schwarzes, Tierisches, Diabolisches kam aus dem Priester heraus ... während er betete und betete ... Langsam bekam er wieder ein normales Gesicht, aber dieses schwarze Zeug kam immer noch von hinten aus seinen Schultern heraus, einmal von links, einmal von rechts...

Plötzlich war mir zum Erbrechen schlecht ... ich fühlte, dass ich mich übergeben musste. Er schickte mich nebenan ins Badezimmer und dort erbrach ich mich, es nahm fast kein Ende. Ich hatte keine Nahrung erbrochen, sondern violettes Wasser, es war ganz merkwürdig. Aber sofort danach fühlte ich mich besser, und ich habe mich an die Frau und an das Getränk erinnert, das ich in ihrem Hause getrunken hatte, und dann habe ich den Priester gerufen, damit er sehen konnte, was aus meinem Mund herausgekommen war. Die darauffolgende Nacht ist die glücklichste Nacht meines Lebens gewesen. *(Er schließt für einen Moment lächelnd die Augen, so als ob er sich dieses Glücks erinnern würde.)*

Es war beinahe Mitternacht, als ich zu Hause ankam. Unterwegs auf der Straße sang ich vor mich her: „Gott ist mein Licht, meine Rettung!“ Gott hat mich glücklich nach Hause zurückkehren lassen. Gott ist unser Retter. Ich habe tatsächlich erfahren, dass der Teufel, der von mir Besitz ergriffen hatte, mir befohlen hatte, wie ich zu handeln hätte. Aber mit Jesus zu leben, das ist eine andere Sache, es bedeutet: in der Freude zu leben! Heute bin ich Gott für diese harte Prüfung dankbar, sie hat mich reifen lassen. Ich möchte sagen, dass diese Erfahrung ein Beweis der Existenz Gottes für mich ist. Heute geht es mir gut, aber damals war ich absolut verzweifelt.

Nach diesem mysteriösen Vorfall habe ich mit meinem Vater gesprochen, denn ich wollte wieder Priester werden.

Priester zu werden ist etwas anderes, als Bruder zu werden. Nach dem melkitischen Ritual kann man heiraten und gleichzeitig Priester sein. Wir sind Katholiken, aber wir gehören der östlichen Tradition an. Ich teilte also meinem Vater mit, dass ich vorhatte zu heiraten und Priester zu werden. Ich sagte auch, dass ich ein bestimmtes Mädchen wollte, weil ich an meine Verlobte dachte. Na ja, ich stellte mir vor, ein verheirateter Priester zu sein und eine Frau und Kinder zu haben. Aber ich dachte nicht daran, ein Bruder zu werden.

Ich vertraute einer Schwester an, dass ich eine Einkehr von einem Monat in einem Kloster machen wollte. Wir haben sehr viele Klöster, auch am Berg Tabor und in Galiläa. Ich wählte Bethlehem, obwohl ich nicht sagen könnte warum, denn man braucht drei bis vier Stunden von uns, um bis dorthin zu kommen. Aber inzwischen glaube ich, dass Gott es so gewollt hat. Ich bin einige Monate dort geblieben.

Ich fuhr nach Hause, nur um meine Sachen zu holen. Meinem Vater habe ich gesagt, dass ich eine Arbeit als Ingenieur in Jerusalem gefunden hätte. Ich wollte keine Probleme mehr mit ihm bekommen. Nur meine Brüder, der Priester, ein Freund und die Nonne wussten, dass ich in ein Kloster ging. Ich bin vier Monate dort geblieben, ohne nach Hause zu kehren.

Zu Ostern kam ich nach Hause. Alle wussten inzwischen, dass ich im Kloster gewesen war. Sie dachten, dass ich dort studiert hätte, um Priester werden zu können. Alle fragten, ob es wahr sei, was ich bestätigte, und darauf legten sie mir ans Herz, vor dem Priestertum zu heiraten. Ich glaube, dass mir mehr als 2000 Leute das Gleiche sagten ... Das war eine normale Sache für sie. Nach drei oder vier Tagen bei mir zu Hause kehrte ich ins Kloster zurück, aber die Meinung von all diesen Leuten hatte mich verwirrt und mich unentschlossen gemacht.

Eines Tages sah ich unter meinem Balkonfenster zwei wunderschöne Mädchen, und ich fragte mich, was ich eigentlich im Kloster noch wollte, wenn ich doch heiraten und auch Priester werden konnte. Ich war aufgeregt und ärgerlich, ich packte meine Sachen, steckte sie in meinen Korb, und während ich aus dem Zimmer ging, sprach ich zu mir selbst: „Jetzt fahre ich nach Hause, ich heirate und werde Priester und dann ist endgültig Schluss mit all dem!" *(Die Art und Weise, in der seine Stimme immer lauter und aufgeregter wird, zeigt, wie sehr ihn dieses Erlebnis mitgenommen hat.)*

Ich ging noch kurz in eine Kapelle. Ich hatte das Buch „Die Nachfolge Christi" bei mir. Ich bin einige Minuten dort geblieben, ich war wirklich ärgerlich auf Jesus und sagte: „Jetzt musst Du mir klar sagen, ob ich ein Bruder werden soll oder nicht!" Noch immer hatte ich den gleichen Zweifel, das heißt ob ich ein Franziskaner oder ein verheirateter Priester werden sollte. Ich habe meine Augen geschlossen und das Buch „Die Nachfolge Christi" geöffnet, und dabei ohne hinzuschauen, einen Finger auf eine Stelle gelegt.

Aber noch bevor ich den Text an der Stelle las, hatte ich etwas Rotes gesehen ... Es war Blut, ein Tropfen frisches, rotes Blut. Ich fragte mich, woher dieses Blut kommen könnte, vom Himmel vielleicht ...? Ich erinnerte mich daran, mir den Kopf angestoßen zu haben, ich tastete alles ab, zuerst die Stirn, dann die Haare, aber alles war trocken, die Haare waren trocken ... da war absolut nichts ... es gab nur diesen mysteriösen Tropfen ... Ich war überzeugt, dass dieses ein Zeichen Gottes war. Nun verlässt mich dieses Buch nie mehr, ich habe es immer bei mir ...

Hm ... ein mysteriöser Tropfen Blut auf einer Seite in dem aufgeschlagenen Buch ... Was stand an der Stelle, auf die dein Finger gezeigt hatte?

„Du sollst Meinen Willen tun, nicht deinen Willen!" Es stand nicht da: „Du sollst ein Franziskaner werden", nein, da stand: „Du sollst Meinen Willen tun!“ Und ich wählte Seinen Willen. Meine Verlobte sagte mir, ich solle die Idee mit der Hochzeit fallen lassen, was für mich ein anderes Zeichen war. Ich hatte beschlossen, ein Bruder zu werden, weil Gott es so wollte. Aus diesem Grunde bin ich Franziskaner geworden. Für mich war dieser Tropfen Blut nicht ein Wunder, sondern ein Zeichen des Willens Gottes. Die Gelübde der Keuschheit, der Armut und des Gehorsams zu leben, das war meine Berufung.

Wie folgst du den drei Geboten?

Für mich ist die Armut das Schönste, was es gibt, nämlich an nichts in dieser Welt gebunden zu sein, nicht daran zu denken, Dinge zu besitzen, sondern vielmehr von der göttlichen Vorhersehung zu leben. Ich bin immer stur gewesen, aber jetzt hat Gott mein Leben zum Guten hin verwandelt, und deshalb folge ich diesem Weg. Meiner Meinung nach ist es wunderbar, arm zu sein, das habe ich auch meinen Verwandten gesagt, weil wir in der Familie alles besitzen. Ich habe ihnen gesagt, sie sollen loslassen von allem. Reichtum macht nicht glücklich. Man kann viele Medikamente mit dem Geld kaufen, aber nicht die Gesundheit ... Man kann viele Dinge besitzen, wenn man Geld hat, aber nicht das Glück.

Vielleicht ist es am schwierigsten, den Gehorsam zu befolgen. Aber ich muss sagen, dass der Gehorsam mir sehr hilft. Zu Hause war ich der Erstgeborene, was bei uns bedeutet, Privilegien in allen Bereichen zu haben. Jetzt bin ich froh, nicht meinen Willen zu tun. Ich gehorche Gott, und wenn der Priester oder ein Oberer mir aufträgt, etwas zu tun, sehe ich dahinter den Willen Gottes.

Aber auch der Priester kann sich irren, oder?

Wenn man gehorcht, dann irrt man nicht. Wenn er sich auch irren sollte, so mache ich dennoch nichts falsch, weil ich das Gebot des Gehorsams befolge ... Es geht nicht darum, dass ich die Intelligenz des Oberen beurteile oder in Frage stelle. Ich könnte mich dagegenstellen oder gegen den Gehorsam verstoßen, aber nur falls ich in die Richtung getrieben würde, eine Sünde zu tun. Das ist in den Schriften von Franziskus von Assisi niedergelegt. Vielleicht ist dieses Gelübde das schwierigste von allen, weil der Mensch immer Herr über sich selbst sein will. Er möchte die Macht haben, die Dinge so zu tun, wie er will ... Gehorchen macht demütig ... und auch zufriedener, meiner Meinung nach ... Aber wie schon gesagt, das ist eine schwierige Aufgabe

Wie lebst du die Keuschheit? Du bist noch sehr jung. .. du warst sogar verlobt.

Hör mal, wir sind Männer ... Ich habe gesagt, dass ich hätte heiraten können, aber jetzt bin ich davon überzeugt, dass dies mein Weg ist, und ich werde nie aufhören, mich der Liebe zu Gott und zur Jungfrau Maria hinzugeben, um anderen Frauen zu folgen. Dem Impuls der Sinne nachzugeben gehört zu den Versuchungen, die es in diesem Kampf zu bewältigen und besiegen gilt. In der Tat, nur wer den Kampf gewinnt, der wird die Krone der Herrlichkeit bekommen.

Ich tue alles, um nicht Sklave meiner Triebe zu sein. Ich hätte Priester werden und heiraten können, ich hätte mich dafür entscheiden können, aber ich will frei sein. Ich will nicht die Liebe zu anderen Frauen leben ... ich möchte mich für alle öffnen und nicht nur für eine Frau, ich möchte für viele verfügbar sein, für alle ... so wie es auch Gottes Sohn will.

Hast du dich nie mehr verliebt, nachdem du die Entscheidung getroffen hast, ein Bruder zu werden?

Nein, für mich gibt es nur die Jungfrau Maria. Keine Frau kann schöner sein als sie. Wenn ich eine Frau treffen sollte, die schöner als die Jungfrau sein sollte, vielleicht … aber nicht eher … *(er lacht)*. Ich habe etwas Wichtiges entdeckt: Gottes Gnade ist unermesslich. Er ist es, der mir Kraft gibt, es ist der Heilige Geist, der mir die Kraft gibt, jede Gefahr zu überwinden. Es hat keine Bedeutung mehr für mich, sich zu verlieben, es ist wie ein Wind, der vorübergeht.

Gibt es in deinem Leben etwas, das dich besonders erfüllt?

In meiner jetzigen Lebensform fühle ich mich so ausgeglichen: da ist einmal die Gemeinschaft mit den Brüdern, das gemeinsame Beten, die Messe, das individuelle Gebet und die Menschen wie Brüder zu sehen, all das trägt dazu bei, in Heiterkeit zu leben. Ich stehe auch mitten im Leben, ich bin in der Welt, aber nicht von der Welt …

Welche Bedeutung hatte für dich die Tatsache, dass eure Kultur sehr steif und unnachgiebig ist?

Ich kann sagen, hätte Gott mir nicht die innere Kraft gegeben, dann wäre es nicht möglich gewesen, all das zu ertragen, was ich ertragen habe … Ich war ein Chef, ich verfügte über Macht und verzichtete auf alles … Für die Menschen in meinem Land war es etwas ganz Ungewöhnliches und Seltsames, Bruder zu werden. Jetzt ist das anders, sie haben angefangen, das zu verstehen. Nachdem ich mein Haus verlassen hatte, sprach mein Vater neun Monate lang nicht mit mir … Ich habe immer für ihn gebetet, und zwar jeden Tag, dass er seine Haltung ändern würde.

Eines Tages erzählte mir meine Mutter, dass er zur Messe gegangen wäre, dass er gebeichtet und die hl. Kommunion empfangen hätte. Ich konnte das nicht glauben, aber meine Mutter sprach die Wahrheit … Ich war schlimmer als der

Apostel Thomas ... Ich antwortete, dass ich das mit meinen eigenen Augen sehen müsste, sonst könnte ich nicht daran glauben. Und ... stell dir vor, er ist tatsächlich nach Italien zu meiner Einkleidung gekommen ...

Ich habe gesehen, wie mein Vater die Kommunion empfing; für mich war das ein Fest, ein großes Wunder. Jetzt geht er jeden Sonntag zur Messe und ist glücklich, dass ich ein Franziskaner geworden bin. Wenn ich heute den Orden verlassen würde, dann würde er das sehr bedauern. Er sieht, dass ich glücklich bin. Mein Bruder machte sich immer über mich lustig, als ich zur Kirche ging, aber dann fingen er und ebenso meine Schwester und meine Schwägerin an, mich zu begleiten.

Ich bin Gott für alles dankbar. Alle in meiner Familie sind gläubig, jeden Sonntag gehen sie zur Messe. Das ist einfach wunderschön! Der Lebensstil meiner Familie hat sich gänzlich verändert. Heute gratuliert man mir, weil ich mir das schönste Leben ausgesucht habe. Ich lache und scherze mit ihnen, ich bin immer zufrieden ... *(Er lacht wie ein Kind.)*

Bruder Badie, noch eine letzte Frage. Wenn ein geheimer Wunsch von dir erfüllt werden könnte, um was würdest du bitten? Als du jung warst, war es dein Ziel, ein tolles Auto zu besitzen ... (wir müssen beide lachen). Gibt es noch etwas, das du erreichen möchtest?

Nein, das ist genug. Mein Wunsch hat sich bereits erfüllt. Mein Herz ist erfüllt von Frieden, und ich bin Gott und meiner Familie sehr dankbar.

Es ist fast 23 Uhr abends. Auch ich bin dankbar, diesen Bruder aus Jerusalem kennengelernt zu haben, der mich an seinem abenteuerlichen Leben hat teilnehmen lassen. Wir tauschen unsere Adressen aus. Ich wünsche ihm, was sicher nicht immer einfach sein wird in seinem Lande, dass er, als Franziskaner, mutig in seinem Leben voranschreiten möge!

***

Am 28. Oktober 2008 hat Bruder Badie Elias im Heiligen Land die Profess der Minoriten abgelegt. Der junge Bruder wurde reichlich beschenkt, man könnte sagen, es war für ihn wie ein Geschenk des Himmels:

Aus allen Gemeinschaften waren die Brüder gekommen, um sich im Gebet miteinander zu vereinen. Die Kirche war voll von Freunden, Verwandten, Brüdern und Schwestern aus allen Kontinenten, von Laien und Ordensbrüdern, sowie von anderen Menschen, die sich für die verschiedensten Dienste im Heiligen Land einsetzen.

Pater Mizzi

„Gott will das Böse nicht"

Was für ein herrlicher Wintertag! Der Himmel ist blau und klar, die Sonne wirft milde, wärmende Strahlen auf diese Stadt des Friedens! Assisi scheint leer, beinahe wie ausgestorben. Die Touristen und Pilger kommen nicht im Februar. Nur einige Ältere treffen sich vor einem Café, um sich die letzten Neuigkeiten mitzuteilen, sie bringen ein wenig Leben in die Stadt. Ich habe vor, meinen Lieblingsweg hinunter nach San Damiano zu gehen. Welche Freude ergreift mich jedes Mal beim Anblick des weiten Tales unterhalb von Assisi! Stundenlang könnte ich voller Ehrfurcht die grau-bläulich schimmernden Hügelketten in der Ferne anschauen.

Plötzlich sehe ich wenige Meter vor mir außerhalb der Stadtmauern einen Franziskanerpater langsam vor mir herlaufen, so als wäre er etwas schwach. Er scheint in seine Welt versunken. Er hat feine weiße Haare und ist von mittlerer, schmaler Gestalt. Ich weiß nicht warum, aber ich fühle mich von ihm angezogen. Plötzlich kommt mir der Gedanke: „Vielleicht ist er es. Er muss es sein!" Viele Male habe ich schon gehört, wie die Menschen über ihn gesprochen haben.

Ich beobachte ihn einen Moment, und dann nähere ich mich mit einigen schnellen Schritten: „Pater, Entschuldigung, sind Sie nicht der berühmte Pater Mizzi?" Er bleibt stehen, schaut mich erstaunt an und antwortet: „Ja, ich bin Pater Mizzi, ich bin es, aber … berühmt?" Er hebt die Schultern hoch, „nein, nein …" Er betrachtet mich und schenkt mir ein sanftes, bescheidenes Lächeln. Ich stelle mich vor und wir tauschen ein paar Worte miteinander aus. Pater Mizzi strahlt soviel wohltuende Wärme aus, dass ich mich nicht mehr als Ausländerin fühle. Und auf einmal wird mein Herz ganz weit an diesem kalten Wintertag, so weit wie das Tal, das sich vor mir ausbreitet.

Schon nach wenigen Minuten beginnen wir, uns einige Erlebnisse aus unserem Leben zu erzählen. Ich schaue mir sein Gesicht an, das sehr bescheiden und gleichzeitig edel wirkt. Seine Augen sehen mich aufmerksam an, so als ob nichts Wichtigeres in der Welt existieren würde, als unsere Begegnung. Pater Mizzi ist sehr höflich und heiter, und deshalb bitte ich ihn um ein Interview. Er antwortet, dass er bereit sei, mich wieder zu treffen, auch wenn er sehr beschäftigt sei und ins Krankenhaus müsse, um sich einer Operation zu unterziehen.

Es verstreichen einige Wochen, bis wir uns in einem franziskanischen Kloster wieder treffen. Pater Mizzi führt mich in einen großen Raum, der gerade frisch gestrichen ist. Die Luft ist von intensivem Farbgeruch durchdrungen. Ein Holzkreuz und ein Bild vom heiligen Franziskus und der heiligen Klara hängen an den Wänden.

Wir setzen uns an einen runden Tisch. Es kommt mir so vor, als ob nach der letzten Operation sein Gesicht noch schmaler geworden ist und die Augen noch klarer sind. Er strahlt Ruhe aus und schaut mich ernst an, während er bereits auf meine Fragen wartet.

Pater Mizzi, zuerst möchte ich mich bei Ihnen bedanken, dass Sie mir dieses Interview gewähren. Ich habe gehört, dass Sie sehr beschäftigt waren, und dass Sie, obwohl Sie sich schwach fühlen, dennoch in kurzer Zeit auf Reisen gehen werden, stimmt das?

Ja, ich muss nach Dänemark zu einem Treffen und zu einem Fernsehinterview, und dann wird noch eine CD gemacht.

Sie sind sehr aktiv. Könnten Sie mir etwas über Ihr Leben erzählen? Wann sind Sie geboren, wie war Ihre Jugend vor ihrer Berufung?

„Die Welt braucht Menschen, die sich für den Frieden einsetzen ... wir alle sind dazu aufgerufen, Menschen des Friedens zu sein ... ein Lächeln, ein Wort, eine Geste, eine liebevolle Tat scheinen kleine Dinge zu sein, aber in Wahrheit bedeuten sie viel für den Frieden ...“
Pater Mizzi

Ich bin im Jahr 1930 auf Malta geboren. Ich habe dort während des Krieges meine Kindheit verbracht. Malta war ein englischer Marinestützpunkt, und deshalb war es der am meisten bombardierte Ort der Welt. Für uns – wir waren kleine Buben – war diese Zeit ein Abenteuer. Wir waren zu jung, um die Tragweite des furchtbaren Kriegsgeschehens ermessen zu können. Es sind viele Kinder durch Bombenanschläge gestorben.

Unsere Eltern haben damals sehr gelitten. Es kam auch zu einer Blockade der Schiffe, die die Ankunft von Lebensmitteln und Munition verhinderte. Wir litten unter Hungersnot und waren drauf und dran, uns zu ergeben, aber wir haben durchgehalten. Meine Familie bemühte sich, guten Mutes zu sein. Mein Vater arbeitete in der Marinewerft. Wir waren sieben Kinder, sechs Jungen und ein Mädchen.

Zu Hause gab es nicht genug Geld, um eine Familie von neun Personen zu ernähren. Meine Eltern waren außergewöhnlich tüchtig. Trotz aller Schwierigkeiten waren sie zutiefst fromm und heiter. Meine Mutter betete viel, und ebenso mein Vater. Meine Mutter arbeitete, und gleichzeitig sang sie dabei, was heutzutage leider nicht mehr üblich ist ... *(Ich werfe ein: „Bei uns zu Hause schon". Wir lachen. „Oh wirklich? Wie schön!")*

Meine Familie war sehr gläubig, und ich habe meinen Glauben und meine Frömmigkeit nicht einmal für einen Augenblick verloren. Die Sakramente, die Messe und die Gebete gehörten zum Alltag. Weil ich im Krieg aufgewachsen bin, sahen wir nichts außer Soldaten und Matrosen in Malta, und auf irgendeine Weise waren wir von ihnen fasziniert. Wir vertrieben uns die Zeit mit Kriegsspielen, und so kam es damals zu meinem Wunsch, auch Soldat zu werden. Ich wollte nichts anderes.

Nach Kriegsende, als die Dinge sich mehr zum Schlechten als zum Guten wandten, habe ich gesehen, wie auch in Malta ein gewisser Materialismus einzog. Damals spürte ich den Wunsch, nach etwas Höherem zu streben. Ich lernte einige Franziskaner kennen, ich fühlte mich vom franziskanischen Leben angezogen. Im Alter von 16 Jahren trat ich als Postulant in ein Kloster ein. Nach zwei Jahren begann die

Zeit als Novize, und im folgenden Jahr legte ich die Profess ab. Anschließend studierte ich Philosophie und Theologie, und im Jahr 1955 bin ich zum Priester geweiht worden.

Franziskus ist beinahe in der ganzen Welt bekannt. Welche Rolle spielt der Heilige in Ihrem Leben?

Franziskus war schon immer der Heilige, den ich am meisten liebte. Besonders jetzt, da ich in Kontakt mit der Welt stehe, entdecke ich immer mehr, wieviel Faszination Franziskus auf die Menschen ausübt, einerlei ob sie Christen oder keine Christen sind. Der hl. Franziskus ist ein Labyrinth. Franziskus ist ein Mann Gottes. Er hat eine Beziehung zu Gott gehabt, er ist ein Mann, der sich zu Christus bekehrt hat, Ihn kennengelernt hat; er bemühte sich darum, sich mit Christus zu identifizieren. Seine Spiritualität fasziniert mich zutiefst, ebenso seine geistige Einstellung zur Armut und seine universelle Liebe nicht nur den Christen oder den Katholiken, sondern allen Menschen gegenüber.

Franziskus ist der erste Christ gewesen, der während des dritten Kreuzzugs zu Menschen ging, die keine Christen waren, nämlich zu den Muslimen. Obwohl diese Menschen als „Feinde des Kreuzes“ galten, nannte er sie alle Brüder. Seine Liebe galt allen Geschöpfen. In seinen Lobpreisungen wandte er sich voll Dank und Bewunderung an „Schwester Sonne“, „Bruder Mond“, an „Schwester Wasser“ und „Bruder Feuer“.

Und dann sehen wir seine tiefe Demut, seine Einfachheit und seinen Geist der Freude, einer wirklich großen Freude, die auch während des Leidens standhält. Franziskus hat nie seine innere Freude verloren, auch dann nicht, als sein physischer Körper wegen der vielen Bußen, die er auf sich genommen hatte, sehr litt. All diese Dinge ziehen mich gewaltig an.

Franziskus betrachtete die Armut als seine Braut. Welche Bedeutung hat die Armut für Sie?

Die Armut hat verschiedene Aspekte. Es gibt den materiellen Aspekt, in dem Franziskus absolut radikal war. Aber das ist nicht alles. Der wichtigste Aspekt der Armut besteht darin, im Geiste und im Herzen arm zu werden. In der Tat bestehen die schönsten Aspekte der Armut darin, einfach zu leben, sich von den Versuchungen des Stolzes zu befreien, der Größte und der Beste sein zu wollen, und einfach wie ein Kind zu werden.

Franziskus lädt sogar wichtige Persönlichkeiten ein, diese Macht- und Besitzgier beiseite zu legen. Als er zum Bischof von Assisi ging und ihm erklärte, dass er in dieser extremen Armut leben wollte, sagte der Bischof, dass das nicht möglich sei. Franziskus entgegnete: „Eure Exzellenz, wenn wir über Mächte oder Besitztümer verfügen würden, dann würde unser Orden auch Waffen brauchen, um diese Besitztümer zu verteidigen." Die materielle Armut geht mit der spirituellen Armut und mit der Armut des Herzens einher.

800 Jahre sind vergangen, seitdem Franziskus gelebt hat. Wie folgen die Franziskaner heute der Armut? Was ist von der damaligen Armut geblieben, was hat sich verändert?

Das kommt darauf an. Es gibt Franziskaner, die in einer solchen Armut leben, ich will nicht sagen, dass sie genauso radikal wie die vom hl. Franziskus ist, aber ... als ich zum ersten Mal nach Assisi gekommen bin, habe ich auch diese Art von Armut gelebt. Ich lebte in einer sehr, sehr armen Gemeinschaft, die ähnlich wie die der ersten Franziskaner war.

Es gibt Brüder in sehr armen Regionen wie Lateinamerika, Brasilien usw., die in absoluter Armut, genauso wie die dortige Bevölkerung leben. Andere Franziskaner verfügen eventuell über kleine Annehmlichkeiten; sie haben gewählt, in einer ihnen entsprechenden persönlichen Armut zu leben. Außerdem gibt es auch jene Armut, in der man lediglich das Notwendigste für ein Leben besitzt, nichts Überflüssiges, und somit die gleiche äußerliche Armut erfährt, wie viele Menschen in der Welt.

Ich höre die Menschen jetzt oft sagen, dass es den Franziskanern an nichts fehlt, und ich entgegne, dass es nicht nur um die materiellen Dinge geht ...

Es ist richtig, aber was heißt denn, „es fehlt an nichts ...", was wollen sie denn, soll uns die Nahrung fehlen, sollen uns die Kleider fehlen, soll uns ein bisschen Heizung fehlen, also das sind verletzende Urteile. Soviel Ungenauigkeiten gehen um, auch ich habe schon sagen hören: „Aber es fehlt euch doch an nichts ..." „Aber wisst ihr denn, was wir haben, wie wir leben?" Und dann kommt ein „nein." Also wie kann man dann sagen, dass die Franziskaner die Armut nicht leben? *(Pater Mizzi steht kurz auf und setzt sich wieder hin, er scheint wirklich etwas aufgebracht zu sein.)*

Ich habe immer gedacht, dass die größte Armut die sei, sich total in die Hände Gottes zu begeben.

Ja, sicher, wie ich schon sagte, die wahre Armut ist die des Geistes. Ich möchte noch etwas sagen: wenn es uns einigermaßen gut geht, dann helfen wir den anderen, davon wissen die Menschen nichts, weil wir es nicht in die Zeitungen setzen, wir schreien es nicht vom Kirchenturm, wir helfen vielen armen Menschen, wir helfen den Missionen, und nachdem die osteuropäischen Länder ihre Grenzen eröffnet haben, helfen wir auch dort, wo es nötig ist. Das heißt, wenn wir in unserem Leben genügend haben, versuchen wir, den anderen zu helfen.

Die Gelübde der Keuschheit und des Gehorsams sind für die Franziskaner sehr schwer im Alltag zu befolgen. Was können Sie mir dazu sagen?

Es ist schwierig, das Keuschheitsgelübde einzuhalten, weil wir mit so vielen Menschen zusammenleben. Es gibt nichts in der Welt, was einfach ist. Manchmal gibt es besondere Schwierigkeiten, auch was den Gehorsam betrifft. Dem Oberen unterworfen zu sein und ihm gehorchen zu müssen, auch wenn man an einen anderen Ort versetzt wurde, das ist wirklich schwer. Aber auch in der Ehe ist es schwierig für einen Mann, seiner Frau gehorchen zu müssen, oder umgekehrt für die Frau, wenn sie das tun soll, was der Mann will.

Was die Keuschheit betrifft, so gibt es Momente, in denen man sich allein fühlt, man vermisst einen Partner oder eine Partnerin, aber man darf nicht vergessen, dass wir diesen Weg freiwillig gewählt haben. Es handelt sich nicht um die Auferlegung einer Pflicht. Wenn man diesen Weg aus Liebe zu Gott oder zu anderen gewählt hat, dann kann auch das, was schwierig ist, zu einem Grund der Freude werden.

Wie wir täglich in Zeitungen und im Fernsehen erfahren, gibt es viele Probleme mit der Sexualität, wenn nämlich die Harmonie zwischen den Menschen fehlt, sei es zwischen Ehepaaren oder miteinander lebenden Partnern. Dann gibt es auch dort oft große Schwierigkeiten.

Könnten Sie den Brüdern einen Rat geben, um ihnen zu helfen, wie man das Keuschheitsgelübde einhalten kann?

Wenn man dieses Gelübde ablegt, muss man sich vollkommen bewusst darüber sein, was das bedeutet. Es ist so, als ob man einen Vertrag unterzeichnet, wenn man ein Haus kauft: Der Vertrag sollte klar, ehrlich und aufrichtig sein. Und deshalb empfehle ich ihnen, es sich gut zu überlegen.

Sie sollen diesen Schritt, den sie machen wollen, überprüfen, sie sollen auch die zukünftigen Folgen in Betracht ziehen, denn in gewisser Hinsicht bedeutet das auch, eine Frau zu vermissen oder auch die persönliche Selbständigkeit aufzugeben. Wenn sie sich aber berufen fühlen, dann sollen sie diese Gelübde gerne ablegen und diese Dinge akzeptieren, denn sie werden mit Sicherheit die Hilfe Gottes erfahren, und sie werden eine große Belohnung in dieser und in der jenseitigen Welt bekommen.

In der Bibel steht, dass Jesus sagte, als er von der Keuschheit sprach, dass es Eunuchen gibt, die als solche geboren werden, und dass es Menschen gibt, die aus Liebe zu Gott, aus Liebe zum Reich Gottes auf die sexuelle Tätigkeit verzichten. Es gibt dieses Versprechen zum Herrn. Es gibt diese besondere Berufung, die nicht für alle gedacht ist. In solchen Fällen beten wir, weil das Gebet in diesen Momenten dazu beiträgt, die Hilfe Gottes zu spüren, so wie das Gebet auch in schwierigen Zeiten einer Krankheit hilft. Wenn man zum Beispiel keine Hoffnung mehr hat, dann kann man vom Gebet gestärkt werden.

Das Gleiche gilt auch, wenn ein Laie oder ein Bruder in Versuchung gerät, die Keuschheit nicht zu befolgen, oder wenn ein Ehemann sich von einer anderen Frau angezogen fühlt, auch wenn er seine eigene Frau hat. Man muss sich darüber im klaren sein, dass man sich zu etwas verpflichtet hat. Man muss dazu stehen, auch wenn es ein Opfer ist.

Was bedeutet es für Sie, ein Sünder zu sein? Wie kann man eine Sünde definieren?

Die Sünde ist die Übertretung von Gottes Gesetz. Jede Übertretung eines Gesetzes von Gott ist eine Sünde. Natürlich kann die Sünde je nach Person individuell aufgefasst werden. Einige Menschen besitzen ein ausgeprägtes Gefühl dafür, wenn sie gesündigt haben, während andere, deren Verstand verwirrt ist, sich der Sünde nicht bewusst sind. Das, was für eine Person eine sehr große Sünde ist, ist für eine andere eine Nichtigkeit. Die Definition der Sünde ist daher vom individuellen Bewusstsein abhängig.

Was die andere Frage betrifft, das heißt was es bedeutet, ein Sünder zu sein, so würde ich sagen, dass es den Sünder gibt, der zu einem bestimmten Zeitpunkt gesündigt hat und danach sofort wieder zu sich findet. Dieses ist ein Sünder, der einmal schwach geworden ist. Dann gibt es den Sünder, der in Sünde lebt und schläft und dessen Gewissen sich an die Sünde gewöhnt, es ist ihm beinahe nicht mehr bewusst, was er tut. Der eine wie der andere haben etwas Falsches getan. Demjenigen, der gesündigt hat und sofort danach zu sich findet, ist die ernste Bedeutung der Sünde klargeworden, er hat um Vergebung gebeten, während der andere schläft und sich seiner Sünde nicht bewusst ist.

Das ist eine ernsthafte Sache, weil sie wie eine Krankheit ist, eine Krankheit, die lang andauern kann. Vielleicht ähnlich wie ein Tumor, der dann eines Tages zum Tode führt. Man muss in dem einen wie in dem anderen Fall aufpassen, es kann die Gefahr bestehen, dass man sich zu sehr daran gewöhnt, immer wieder zu sündigen, oder dass man sozusagen „schläft“, in der Sünde „schläft“, und dann ist es, als ob man einen Tumor in sich tragen würde, mit einfachen Worten ausgedrückt: es führt zum spirituellen Tod.

Pater Mizzi, können Sie trotz ihres physischen Leidens Freude und Heiterkeit empfinden?

Ja, wenn ich das Leiden mit dem Glauben erlebe und ich weiß, dass ich nicht vergessen werde. Ich glaube, dass ein spiritueller Grund im Leiden liegt. Gott erlaubt es aus einem Grund, den ich nicht verstehen kann. Ich bin in Hiroshima gewesen, und dort hat man mich gefragt, was diese Tragödie für mich bedeutet. Ich habe gesagt, dass diese

Tragödie, die so furchtbar für die Menschheit war, zusammen mit dem Leiden Christi ein Teil der Erlösung der Welt gewesen ist. Und sie hat auch als Warnung gedient, damit man nicht an der Atombombe weiterarbeitet. Es hat in den 80er Jahren Momente gegeben, in denen die Gefahr bestand, dass ein Atomkrieg zwischen den UdSSR und der USA entflammen könnte, aber das ist nicht geschehen, weil die Großmächte die Bedeutung der Atombombe erkannten.

So ist es auch im Falle meines Leidens, ich denke, dass es eine Erklärung dafür gibt. Ich glaube nicht an den Zufall. Ich denke, dass es auch für die tragischsten und unvorstellbarsten Ereignisse einen Grund gibt. Gott will das Böse nicht, Er will nicht, dass wir leiden, aber Er erlaubt es, denn aus dem Leiden, sogar aus dem Bösen und auch aus der Sünde kann das Gute geboren werden. Bei diesem Gedanken fühle ich Freude, obwohl ich Gott dennoch darum bitte, von meinem Leiden befreit zu werden, falls es möglich ist. Ich würde auch gerne mit meinen Arbeiten voranschreiten. *(Ich schaue ihn an, betrachte ihn und werde mir bewusst, wie blass sein Gesicht ist, wie schwach sein Körper wirkt; und nichtsdestotrotz möchte er sich weiter für die interreligiösen Projekte, für den Frieden einsetzen!)*

Assisi ist als Stadt des Friedens bekannt. Ich habe gehört, dass Sie für den Frieden tätig sind. Ich würde gern wissen, welche Arbeit Sie in diesem Bereich tun.

Ich fing mit dieser Tätigkeit im Jahr 1960 an, genau vor 46 Jahren. Damals begann ich, das zu tun, was heute Ökumene genannt wird, das heißt die Einheit unter den Christen zu fördern, dort zum Frieden beizutragen, wo früher viele Konflikte waren: zwischen Katholiken, Protestanten, Anglikanern und Orthodoxen, die so weit gingen, dass sie sich gegenseitig verfolgten, so dass viele Märtyrer im Namen Gottes und im Namen der Kirche getötet wurden. All das war ein Widerspruch. Es war nicht richtig, dass wir als Christen, die den Namen Christi tragen, weiterhin voneinander getrennt leben sollten.

Im Jahr 1960 fing ich an, die ersten Beziehungen zu den Anglikanern aufzubauen. Da ich Malteser war, hatte ich mit den Engländern auf Malta gelebt. Als ich sah, dass die Anglikaner nach Assisi kamen und zum Grab des hl. Franziskus gingen, um zu beten, fühlte ich, dass ich mich ihnen nähern musste, um mit ihnen eine spirituelle und religiöse Freundschaft zu schließen. Auf diese Weise startete ich die ökumenische Tätigkeit zuerst mit den Anglikanern und später mit den skandinavischen Ländern, vor allem mit Dänemark und dann mit vielen anderen. Darauf folgte das Zweite Vatikanische Konzil, das 1965 zu Ende ging. In der katholischen Kirche wurde zu der Zeit viel von Ökumene gesprochen.

Wir wurden dazu ermutigt, mit verschiedenen christlichen Konfessionen zusammenzuarbeiten, und man wollte alles abschaffen, was zu spirituellen, mentalen oder physischen Konflikten hätte führen können. Das hat mich noch mehr angespornt. Nach und nach wurde Assisi zur Stadt der Ökumene. Später dann, ungefähr vor 30 Jahren, fing ich an, Kontakte mit anderen Religionen aufzubauen. Ich dachte, oder besser gesagt, mir war es klargeworden, dass sich, falls die Religionen es schaffen würden, in einen Dialog miteinander zu treten und sogar, wie es manchmal geschieht, sich im gemeinsamen Gebet miteinander zu vereinen, viele Türen öffnen könnten.

Ich bin überzeugt, wenn die Weltreligionen sich ernsthaft dazu entschließen, für den Frieden, für die Gerechtigkeit, für die Erhaltung der Schöpfung zu arbeiten, dass diese Bemühungen sich verwirklichen. Es ist leider wahr, dass wir nicht utopisch sein können, denn es wird immer Konflikte geben; es scheint so, als ob die Aggressivität ein Teil der menschlichen Natur ist, aber wir können viele Konflikte und Kriege reduzieren.

Als im Jahr 1986 Papst Johannes Paul II. nach Assisi kam, um für den Frieden zusammen mit den Vertretern der anderen Religionen zu beten, sprach man noch nicht vom interreligiösen Dialog. Seit 1986 spricht man nicht nur vom interreligiösen Dialog, sondern man praktiziert ihn auch. Infolge meiner Erfahrungen und Begegnungen hier in Assisi und auch während meiner Reisen habe ich gesehen, dass es soviel guten Willen gibt. Ich bin sieben Mal in Japan, sieben Mal in Indien, ich bin in Nepal, in Taiwan, Singapur und in Australien gewesen, ich habe an den großen interreligiösen Treffen teilgenommen und zahlreiche Menschen getroffen. Es gibt soviel guten Willen!

Der interreligiöse Dialog hat sich nach dem Treffen in Assisi im Jahr 1986 klar erkennbar weiter entwickelt, und er ist jetzt dabei, gute Früchte hervorzubringen. Wir sind noch in den Anfängen, aber es wird mit Sicherheit weitergehen. Es gibt keinen Grund, zum Stillstand zu kommen, darin bin ich mir ganz sicher. Deshalb bin ich auch optimistisch.

Glauben Sie, dass alle Franziskaner tolerant sind?

Ja, ich glaube, dass sie tolerant sind. Es gab gegenüber den anderen Religionen viele Vorurteile. Aber jetzt, dank des Dialoges, der angefangen hat, höre ich nicht, dass negativ über die Hindus oder die anderen geredet wird. Es ist ihnen gegenüber ein lobenswerter Respekt vorhanden, der nicht nur von seiten der Brüder entgegengebracht wird, sondern auch von vielen Christen, seien sie katholisch oder nicht katholisch. Leider gibt es noch Vorurteile, die man nicht so schnell auslöschen kann, aber dennoch ist man ein ganzes Stück weitergekommen.

Was könnte Ihrer Meinung nach jeder von uns im täglichen Leben zum Frieden beitragen? Man spricht soviel über den Krieg, man spricht auch über den Frieden, aber niemand weiß wirklich, was man zum Frieden beitragen könnte.

Um einen positiven Beitrag zu leisten, müssen wir Menschen des Friedens sein, das heißt innerlich in Frieden leben; wir müssen Frieden in uns tragen, in uns selbst Frieden spüren. Das ist die erste Bedingung, denn wenn jemand kein Geld hat, kann er den anderen kein Geld geben. Wenn ich kein Wissen habe oder mich in keiner Wissenschaft auskenne, dann kann ich anderen weder Wissen noch die Kunde über eine Wissenschaft vermitteln. Jeder mag seine eigene Berufung haben, aber ich glaube, dass wir alle dazu aufgerufen sind, Menschen des Friedens zu sein.

Die Welt braucht Friedenspropheten, die Welt braucht Menschen, die für den Frieden arbeiten. Deshalb würde ich als erstes vorschlagen, nicht nur Frieden in sich selbst zu suchen, sondern auch für den Frieden in der Nachbarschaft zu arbeiten. Leider gibt es so viele Konflikte schon innerhalb der Familien. Es ist wichtig, ein „Werkzeug des Friedens" dort zu sein, wo man lebt. Ein Lächeln, ein Wort, eine Geste, eine Großzügigkeit, alle diese Dinge scheinen Kleinigkeiten zu sein, aber in Wirklichkeit sind sie große Gesten des Friedens. Sie können so viel bewirken!

Pater Mizzi, ich würde gerne etwas von Ihnen über Ihre Beziehung zu Gott erfahren. Wer ist Jesus Christus für Sie?

Er ist alles! Für mich ist Christus der Sohn Gottes, der auf die Welt gekommen ist, um mich durch Sein Wort und Sein Beispiel zu lehren. Ich sehe Ihn als meinen Herrn, meinen Bruder, meinen Freund, mein alles. Ich versuche, Ihn mit den Augen des hl. Franziskus zu sehen. Ich fühle mich ununterbrochen mit Gott und auch mit dem Heiligen Geist verbunden. Was auch immer ich während des Tages tue, diese innere persönliche, intime Verbindung mit Gott hört nie auf ... sie ist ununterbrochen da.

Was passiert, wenn man plötzlich diese große Liebe zu Gott nicht mehr spürt? Ich denke an die dunkle Nacht der Seele, kennen Sie sie?

Ja, sicher, ich habe sie kennengelernt. Es gibt Momente im Leben, die alles andere als einfach sind, in denen es so scheint, als ob die Sonne sich verstecken würde, man fühlt sich von einer mehr oder weniger dichten Dunkelheit umgeben ... Ich bitte den Herrn, meinen Glauben in der Eucharistie wachsen zu lassen, damit meine Beziehung zu Ihm wieder persönlich wird. Es bleibt die Tatsache, dass wir Menschen sind, daher muss man sich immer bemühen, die wirkliche Gegenwart Gottes im Brot und Wein sehen zu können.

Ihr Leben ist so reich an verschiedensten Erlebnissen. Hätten Sie einige Ratschläge für Ihre Mitbrüder?

(Er ist nachdenklich.) In einem bestimmten Moment nach der letzten Operation fühlte ich mich blockiert, ich habe wirklich die Zerbrechlichkeit des menschlichen Wesens empfunden, aber das hat mich nicht entmutigt ... Mein Ratschlag ist, sich nicht entmutigen zu lassen, wenn solche schwierigen Momente kommen, Jesus immer zu vertrauen, nie die Hoffnung und die Freude zu verlieren.

Auch wenn kein Ausweg mehr da ist, weil es einem bewusst wird, dass der Übergang zur Ewigkeit nahe ist, soll man nicht verzagen, sondern vielmehr dem Herrn danken und alles als ein Zeichen der Vorsehung betrachten. Das ist mein Rat: „Sucht Gott mit eurem ganzen Herzen". Es ist wunderbar, im Leben eine persönliche Beziehung zu Gott aufzubauen, und Ihm voll Freude und Bescheidenheit zu dienen.

Wir schauen uns in die Augen. Pater Mizzi lächelt ... Was für ein mildes Lächeln! Während des Interviews hatte sein Gesicht einen ruhigen konzentrierten Ausdruck. Ich genieße diesen Moment der Stille, wo er vollkommen entspannt vor mir sitzt.

Als wir aufstehen, fällt mein Blick auf ein Blatt Papier, das auf dem Tisch liegt. „Sprechen Sie Englisch?" fragt mich Pater Mizzi. Ich gebe ihm zu verstehen, dass meine Englischkenntnisse besser als meine Italienischkenntnisse sind. Er reicht mir das Blatt, auf dem seine Aktivitäten in englischer Sprache aufgelistet sind. Ich sage ihm, dass ich alles zu Hause in Ruhe lesen werde, und wir verabschieden uns herzlich. Langsam gehen wir die Treppen des Klosters hinunter. Pater Mizzi begleitet mich bis zur großen, schweren Eingangstür. Ich bedanke mich bei ihm und wünsche ihm von Herzen, dass er noch lange in der Zukunft seine Aktivitäten ausführen kann. Noch ein paar freundliche Worte, und dann fällt die schwere, alte Tür hinter mir zu, und ich bin wieder draußen „in der Welt".

Kaum bin ich zu Hause angekommen, lese ich sofort die Zeilen auf dem Blatt Papier – ich kann meinen Augen nicht trauen – von oben bis unten: Aufzählungen von unzähligen Pionierarbeiten im Bereich der Ökumene, unzählige Urkunden und Auszeichnungen verschiedenster Persönlichkeiten vieler Länder. Das übersteigt alle meine Vorstellungen. Ich kann kaum atmen! Und er hatte nicht ein einziges Wort davon erwähnt. Was für eine Bescheidenheit!

Gott sei Dank wusste ich nichts von all dem vor dem Interview, ich wäre sonst total schüchtern gewesen und hätte keinen Mut gehabt zu sprechen, und wer weiß, vielleicht hätte ich auch vor Aufregung meine Kenntnisse in der italienischen Sprache vergessen. Ich werde immer voll Bewunderung an Pater Mizzi denken! Ich hoffe, dass er lange leben wird und dass seine Aktivitäten im Bereich der Ökumene weiter voranschreiten ... mehr denn je haben wir noch viel zu lernen!

Bruder Bernardo

„Ich bin Franziskus begegnet"

Oft habe ich ihn durch die Straßen von Assisi gehen sehen. Man kann ihn nicht übersehen mit seiner Größe, der Franziskaner-Bruder überragt die meisten Menschen. Er scheint es immer eilig zu haben, er geht mit großen schnellen Schritten seines Weges. Er dürfte etwa 60 Jahre alt sein. Seiner Figur nach zu urteilen, könnte ich mir gut vorstellen, dass er in seiner Jugend sehr sportlich war. Er kümmert sich besonders um die Jugendlichen. Viele Male sehe ich ihn mit Jugendgruppen vor dem Eingang zur Kirche von San Damiano stehen. Er spricht dann voll Eifer und Enthusiasmus über das Leben von Franziskus und Klara, und er spornt die Jugendlichen an, über die Bestimmung ihres Schicksals und ihre Beziehung zu Gott nachzudenken.

Die Jugendlichen schauen interessiert auf diesen Bruder, dessen kleine lebendige Augen hinter einer Brille versteckt sind und die manchmal schelmisch fröhlich aussehen oder auch ganz nachdenklich werden können. Es kann auch geschehen, dass er abwesend wirkt, wenn Menschen mit ihm sprechen und ihm etwas mitteilen wollen. Ist er zerstreut, oder zieht er es vor, still zu sein? Am Abend legt er einen Abschnitt des Evangeliums aus, und mit wenigen Worten und einer ausdrucksvollen Stimme lädt er ein, in die heilige Stille einzutauchen, um dort Jesus Christus zu begegnen … In der Kapelle wird es leise.

Nach der Vesper bitte ich Bruder Bernardo um ein Interview. Er sagt ohne Umschweife zu. Schon nach wenigen Tagen treffen wir uns wieder in San Damiano. Er führt mich in ein dunkles, kaltes Zimmer, wo wir ungestört miteinander reden können. Ich fange an zu frösteln, kauere mich fester in meinen Umhang und versuche mein leichtes Zittern zu verbergen. Der Bruder hingegen sitzt ganz aufrecht vor mir auf einem Stuhl, so als machte ihm die Kälte nichts aus! Als ich seine nackten Füße in den leichten Sandalen sehe, wird mir noch kälter, ich würde sie am liebsten mit einem Schal bedecken. Der Bruder scheint ganz entspannt zu sein, er schaut mich gut gelaunt an und wartet …

Bruder Bernardo, mich interessiert dein Leben, bevor du Bruder geworden bist. Gibt es besondere Erlebnisse, die du mir gerne erzählen würdest?

Weißt du, mein Leben war absolut normal, es gab nichts Besonderes. Ich war Pfadfinder in meiner Freizeit. Ich habe viel mit meinen Freunden gespielt und bin gerne zelten gegangen. Ich bin kein wildes Kind gewesen, sondern im Gegenteil sehr anpassungsfähig und ruhig. Wir waren eine katholische Familie, ohne fanatisch zu sein.

Meine Eltern betätigten sich im sozialen Bereich, mein Vater und meine Mutter arbeiteten freiwillig in Pfarrgemeinden, und ebenso wir, meine beiden Brüder und meine Schwester. In den 60er Jahren sprachen wir viel über das Vatikanische Konzil, das uns alle sehr interessierte. Die Tür in unserem Haus war für bedürftige Menschen immer offen. Ich selbst fühlte mich zu allen Kindern, denen ich begegnete, hingezogen.

Mein älterer Bruder wollte Franziskaner werden, und deshalb ging er in ein besonderes Internat, er war damals 12 Jahre alt. Mein jüngster Bruder wollte Missionar in Afrika werden. Zu der Zeit wollte ich damals noch kein Bruder werden, es war ihr Wunsch, jedoch noch nicht der meine. Ich wollte Lehrer werden. Meine Geschwister haben jedoch geheiratet.

Ich war 17, als ich mich entschloss, Bruder zu werden. Aber ich hatte Angst davor, es meiner Familie zu sagen, weil meine beiden anderen Geschwister bereits ihre Meinung geändert hatten. Mit 18 Jahren hatte ich die Schule beendet, und danach habe ich in einem Großhandel gearbeitet. Abends bin ich in eine Schule gegangen, um Latein und Griechisch zu studieren, denn das war notwendig, um Priester zu werden. Meine Eltern waren zu dieser Zeit über mein Vorhaben informiert. Mit 20 Jahren bin ich in den franziskanischen Orden eingetreten. Ich sehe das nicht gerade als eine frühe Berufung an.

Ich würde sagen, dass „der Ruf" nicht so zu verstehen ist, als ob jemand vor dir stehen und dich rufen würde ... Dieses Gefühl wächst und wächst ... Es ist auf einmal da, und dann wächst es ... und es wird immer stärker ... Oft ist es so, dass es an dir geschieht, es ist nicht so sehr deine eigene Wahl. Ich habe nicht so viele Male einen Ruf „gehört", ich glaube, dass Gott dich auf verschiedene Weise zu sich lockt ... *(er zwinkert mir zu.)*

Wie waren deine Gefühle, nachdem du die Berufung gespürt hattest?

Ich hatte Angst! Es war der Gedenktag, an dem Johannes der Täufer enthauptet worden war. Es kam mir wie meine eigene Enthauptung vor. Ich war noch wie ein Kind, ich lag auf meinen Knien und hatte Heimweh nach Hause. Tatsächlich habe ich auch nach vier Jahren den Orden wieder verlassen. Es war eine Zeit großer Veränderungen in der Kirche, ich konnte da nicht mitmachen, ich war noch nicht erwachsen, ich war labil und bin meinen eigenen Weg gegangen.

Mit 33 Jahren bin ich Diözesanpriester geworden. In jener Zeit unternahm ich einige Pilgerreisen nach Assisi, Santiago di Compostella und nach Rom. Während dieser Zeit spürte ich in meinem Inneren, dass es immer noch eine Berufung zum Franziskaner gab, die Sehnsucht in mir wurde so stark, es war so, als ob mich Gott locken würde, so wie ein Specht lockt. *(Der Bruder klopft anschaulich viele Male mit gekrümmtem Zeigefinger auf den Tisch und imitiert das Geräusch des klopfenden Spechtes ...)* Ich weiß nicht, woher dieser Ton kam, aber ich hörte ihn, und so habe ich dann endlich mit 48 Jahren auf den Ruf geantwortet! Weißt du, ich habe den Orden gewählt, weil ich fasziniert von Franziskus war, von seiner Beziehung zu Gott: Loslassen von allem, sich Gott völlig ergeben und sagen: „Herr, hier bin ich."

Franziskus ist ein Vorbild für mich und auch ein Freund, der mich führt und inspiriert, an der Seite der Aussätzigen zu stehen. „Aussätzige" sind für mich alle, die verletzt sind. Man kann äußerlich reich sein und dennoch innerlich leer. Franziskus ist der Heilige, den ich am meisten liebe. Generell nehmen die Heiligen nicht so einen großen Stellenwert in meinem Leben ein. Einige Heilige, die heilige Klara und natürlich die Mutter Gottes liebe und verehre ich. Ich würde sagen, ich verehre die Heiligen, aber ich beschäftige mich nicht den ganzen Tag mit ihnen.

Welches Mysterium beinhalten deiner Meinung nach die Gelübde der Armut, der Keuschheit und des Gehorsams?

Es sind drei Aspekte des gleichen Konzepts, die alle für mich mit der Armut zu tun haben. Unter Armut verstehe ich, dass alles was ich habe, „nicht mir gehört", vielmehr ist es ein Geschenk, eine Gnade, und diese Gaben darf ich gebrauchen, aber nicht nur für mich allein. Ich will einfach leben, und was ich im Inneren lebe, das möchte ich auch nach außen offenbaren. Das gleiche gilt für den Gehorsam. Ich bin nicht das Zentrum dieser Welt, es gibt ein Gegenüber, jemand, dem ich mich stellen muss: Gott. Und ebenso ist die Keuschheit ein Teil dieses Konzeptes.

Wenn ich etwas wähle, so akzeptiere ich auch die Konsequenzen, ich suche keine exklusive Beziehung zu einem

Menschen, weil ich mich ganz für Gott entschieden habe. Das heißt nicht, dass ich nicht lieben kann, im Gegenteil. Ich empfinde sehr viel Liebe in meinem Herzen. Und damit sage ich nicht, dass eine Ehe nicht wichtig sei. Aber jede Wahl hat ihre Konsequenzen. Es geht darum, alles loszulassen, mich vollkommen auszuliefern, zu ergeben, und das ist nicht leicht für mich. *(Er nickt mit dem Kopf und atmet tief aus.)*

Mir fehlt eine exklusive Beziehung, das stimmt, und es gibt Momente der Einsamkeit, Momente, in denen ich Sehnsucht nach Intimität und Sexualität habe. Aber wenn man eine Beziehung zu Gott aufbaut, dann möchte man diese immer weiter vertiefen. Für mich ist Sexualität kein Tabu, aber da sind Grenzen. Ich kann jemanden in den Arm nehmen, aber ich gehe mit niemandem ins Bett … Das sind die Konsequenzen der Wahl, die ich getroffen habe. Auch das ist nicht immer leicht, aber auch in einer Ehe kann es manchmal schwer sein, treu zu bleiben, obwohl man schon eine Wahl getroffen hatte.

Ich richte meine Aufmerksamkeit darauf, die Beziehung zu Gott immer mehr zu vertiefen, und Ihn immer mehr zu lieben. Es geht darum, glücklich zu sein. Ich habe keine Ambitionen, die Karriereleiter hinaufzusteigen, aber wenn ich gefragt würde, Aufgaben zu verrichten, die eine höhere Verantwortung mit sich bringen würden, dann wäre ich verfügbar. Ich mache meine Arbeiten mit ganzem Herzen. Ich glaube, dass ich ein großes Herz habe und viel Liebe in mir ist. Ich leite gerne Gruppen, ich kann mit Jugendlichen gut umgehen und leicht Kontakt zu ihnen bekommen.

Ist es auch leicht für dich, mit Menschen in Kontakt zu kommen, die anderen Religionen angehören? Hier nach Assisi kommen Menschen aus der ganzen Welt.

Leicht …? Ich weiß nicht, es hängt von den Bedingungen ab. Generell habe ich Achtung vor den Religionen, aber es muss immer darum gehen, das Bessere im Menschen zu erheben. Ich kann und will nicht verstehen, dass jemand, der sich als Gläubiger ansieht, anderen Gewalt antut und sie körperlich und geistig unterdrückt. Buddhisten, Hindus und Moslems sind willkommen, wenn sie ihren Glauben friedlich leben.

Ist deine Beziehung zu Gott immer gleich gewesen oder hat sie sich verändert, seit du Bruder geworden bist?

Ich glaube, dass Gott immer bei mir war, auf all meinen Wegen. In den letzten Jahren sehe ich immer mehr, dass Gott Liebe ist. Und wenn wir diese Liebe nicht beantworten, dann ist Seine Liebe nutzlos, das heißt, dass wir Ihn aufs neue kreuzigen. Meine Beziehung zu Gott ist sehr persönlich. Ich meine damit nicht, dass Er eine Menschengestalt hat, sondern Er ist ein „Du“. Die Liebe hat immer ein Gesicht, aber das sind immer menschliche Bilder. Für mich ist Er immer ein „Du“ gewesen.

Ich habe eine besondere Beziehung zu Jesus. Ich versuche, seinen Weg zu gehen, aber das bedeutet nicht, „Jesus“ zu werden, aber vielleicht „Ich selbst“ zu werden. Für mich ist Er ein Bruder, und ich glaube, dass Er Gottes Sohn ist. Es gab Augenblicke in meinem Leben, in denen ich sehr eifersüchtig auf seine Beziehung zu seinem geliebten Jünger Johannes war. Was für eine wunderbare Beziehung war zwischen ihnen, was für eine große Freundschaft und bedingungslose Liebe verband sie miteinander!

Ja, eine sehr persönliche und tiefe Beziehung … Bruder Bernardo, siehst du das Leben als Bruder unter dem Aspekt der Entsagung an?

(Er schlägt drei mal mit der Faust auf den Tisch und antwortet voller Entschiedenheit.) Nein, nein, nein! Es kann sein,

dass es in den Augen anderer Leute so aussieht. Viele Menschen denken, dass ich einsam bin, aber ich antworte, es gibt Leute, die verheiratet sind, die eifersüchtig sind und sich einsam fühlen. Und diese sagen, dass ich frei wäre und sie nicht.

Wir wollen immer ein perfektes Leben haben. Wenn man seine Forderungen nicht zu hoch setzt, dann gibt es auch keine Schwierigkeiten. Als ich ein Kind war, schrieb ich auf meine Wunschliste für den Nikolaus: „Ich möchte eine Weltreise machen." Es hat sich nie erfüllt. *(Der Bruder muss lachen, dann spricht er ernsthaft nach einer kleinen Pause weiter.)*

Man lernt für die kleinen Dinge dankbar zu werden! Ich möchte kurz ein Beispiel geben: Meine Mutter fragte mich, was ich mir zu meinem Geburtstag wünschen würde. Ich sagte, ich brauche ein T-Shirt, Unterwäsche und Socken. Meine Mutter meinte, das sei zu wenig für meinen Geburtstag. Ich antwortete: „Aber das ist alles, was ich mir wünsche, ich brauche sonst nichts."

Viele Katholiken vertreten die Meinung, dass es wichtig sei, durch Leid zu gehen. Was ist deine Meinung dazu?

Ich sehe kein erstrebenswertes Ziel darin zu leiden, ich suche das Leiden nicht. Aber ich nehme es an, und es hilft mir, viele Dinge und die Menschen mit ihren Problemen besser verstehen zu können. Ich wähle es nicht aktiv. Wenn du fühlst, dass ein Leiden auf dich zukommt, dann kann man nicht davor weglaufen, man muss hindurchgehen. Es gab ein Konzentrationslager in Holland, „Westerborg", und viele Menschen warteten am Bahnhof auf den Zug, um dorthin transportiert zu werden.

Da sagte eine Frau zu dem Rabbi: „Ich muss weg von hier, ich ertrage das nicht", und der Rabbi antwortete: „Frau, du kannst jetzt nicht weglaufen, du musst da hindurchgehen. Das einzige was du weißt ist, dass Sein Name Jahwe ist, das heißt: Ich gehe mit ..." Und das glaube ich auch, auch Gott leidet in diesem Moment mit, denn die Liebe leidet, der Liebe wird Gewalt angetan, und Gott ist Liebe.

Gibt es irgend etwas, wovor du dich fürchtest? Ich stelle mir vor, dass es schwierig sein könnte, wenn man sich als Bruder verliebt.

Mich zu verlieben, davor habe ich keine Angst. Es gibt Momente, in denen ich mich verliebe, aber das sind schöne Erfahrungen, ich meine damit, dass man die Liebe an seinem Körper erfährt und sich lebendig fühlt. Aber ich habe sehr oft Angst gehabt, abgewiesen zu werden, oft waren meine Mitbrüder sehr feindlich mir gegenüber.

Ich bin ein Mensch, der Harmonie braucht. Ich kann nicht leben, wenn Menschen mich abweisen. Ich versuche so zu sein, wie ich wirklich bin. In den letzten Jahren bin ich viel stärker geworden. Ich bin durch viele Krisen gegangen, und seit einiger Zeit erlebe ich, dass ich nicht mehr fundamental verletzt werden kann. Es tut nur weh, wenn Leute bösartig sind. Und ich muss sagen, es geht mir auch schlecht, wenn mir bewusst wird, dass ich Gott, die Menschen und mich selbst nicht richtig liebe, wenn ich keine Liebe in mir fühle.

Das kann ich gut verstehen. Wir alle sehnen uns nach Harmonie und Liebe. Bruder Bernardo, was macht dich glücklich?

Wenn ich in der Nähe der Menschen sein kann, die ich liebe ... Wenn ich allein auf dem Berg Subasio bin, dann kann ich auch sehr glücklich sein, denn in Wirklichkeit bin ich dann nicht allein, ich fühle Gottes Gegenwart ... Ich bin glücklich, wenn Frieden herrscht, wenn Menschen miteinander und mit sich selbst in Harmonie leben, wenn sie mit Gott verbunden sind. Es geht immer um die Liebe: Gott lieben, die Menschen lieben, sich selbst lieben. Ich kann sagen, dass es mir sehr gut geht. Ich bemühe mich täglich darum, die wirklichen Werte des Lebens in die Tat umzusetzen.

Und dann bedeutet es mir sehr viel, jeden Tag die heilige Messe zu feiern. Vielleicht ist die Kommunion „alles" für mich. Ich erfahre, dass Gott sich ganz schenkt, dass Er sich leerschenkt, armschenkt, dass Gott so zerbrechlich wie Brot wird. Er lädt mich ein, Seinen Weg zu gehen und auch so zerbrechlich zu werden wie Er. Die Kommunion zu empfangen, bedeutet für mich: „Ja sagen" zu dieser Einladung.

Es ist für mich ein großes Geschenk, in Assisi zu wohnen. Ich bin schon viele Male mit Gruppen oder einzelnen Personen hier gewesen, bevor ich nach Assisi versetzt wurde. Weißt du, ich habe das Gefühl, hier geboren zu sein oder hier in einem „früheren Leben" gelebt zu haben. Ist das nicht seltsam? *(Er schaut mich an und lacht.)* Ich liebe diese Stadt! Um ehrlich zu sein: ich bin nicht an jedem Ort gleich gern. Eine große Stadt ist in dieser Phase meines Lebens nichts für mich. Ich bin in einer großen Stadt in Holland aufgewachsen, aber jetzt mag ich diese Stadt nicht mehr: Ich brauche Platz und Natur um mich herum und gute Luft!

Wie ich dir schon gesagt habe, in dieser Phase meines Lebens empfinde ich es als große Freude, in Assisi in San Damiano leben zu dürfen. *(Er macht eine Pause, er sieht nachdenklich aus, und ich fühle, dass er etwas hinzufügen möchte … plötzlich verändert sich seine äußere Erscheinung. Er, der so groß und stark ist, wirkt auf einmal wie ein kleiner Junge.)*

Ich möchte dir etwas anvertrauen … Hier im Heiligtum bin ich Gott begegnet *(er hält wieder einen Moment inne …)*, Gott in Seiner Liebe für uns. Er hat sich so klein gemacht, Er war so bescheiden, Er hat die Füße der anderen gewaschen, so wie es die Sklaven taten, Er war so menschlich … so stark und zur gleichen Zeit so zerbrechlich, zerbrechlich wie Brot … Er hat sich so klein gemacht, um Brot zu werden, um sich uns zu schenken … *(Die Stimme von Bruder Bernardo wird immer leiser und ganz sanft, oft hält er inne, bevor er weiterspricht.)*

Ich weiß, das sind Worte, die wir alle viele Male gehört haben, aber … ich habe all das „in mir“ erfahren, ganz tief in meinem Herzen … noch nie so tief wie hier … Und es ist wahr … ich bin Franziskus begegnet … Franziskus von Assisi … meinem Franziskus … unserem Franziskus … dem Heiligen der Welt.

Ich kann meine Dankbarkeit gar nicht in Worte ausdrükken, dass ich in San Damiano leben darf … an diesem Ort, der immer noch von der Gegenwart der heiligen Klara, von Agnes und den Armen Schwestern erfüllt ist. Oft ist es wegen der Touristen laut auf dem Hof vor dem Heiligtum, aber nur einige Schritte davon entfernt spüre ich eine Stille, eine tiefe Stille, in der Gott ganz nah ist. Dann ist es völlig einerlei, ob ich ein Ausländer unter den italienischen Mitbrüdern bin. Ich spreche nur wenig, wenn wir untereinander sind. Weißt du, dieses äußere Schweigen hilft mir um so mehr, Gott in meinem Inneren zu fühlen.

(Und noch einmal verändert sich sein Ausdruck, seine Stimme wird laut und hallt wie ein Echo in dem kleinen Raum.) Und das ist das größte Geschenk, das ich in Assisi bekommen habe, das ich mitnehme, wenn ich eines Tages versetzt werde.

Bruder Bernardo, wenn du die Möglichkeit hättest, noch einen Wunsch zu äußern, um was würdest du bitten?

(Er schaut mich aufmerksam an und antwortet impulsiv.) Das ist ganz einfach: Möge in den Herzen aller Menschen Friede sein.

Bruder Bernardo streckt sich, steht langsam auf, und mit einem Lachen beendet er das Interview: „Jetzt muss ich zum Abendessen gehen!“

Wir gehen aus dem kalten Zimmer hinaus. Im Klosterinnenhof ist es dunkel … Was für eine Stille uns umgibt … nur ein paar Schritte, und wir erreichen die große Pforte. Wir verabschieden uns, ich bedanke mich bei ihm, dass er sich Zeit genommen und die Fragen so klar und einfach beantwortet hat. Während ich den steilen Weg hoch nach Assisi gehe, fühle ich tiefe Ruhe in mir. Bruder Bernardo hat in klarer und einfacher Weise geantwortet … klar und einfach … so wie das Leben der Franziskaner in San Damiano …

Schwester Giuliana

„Jesus hat mir immer alles gegeben"

Arco, komm her, komm hierher" ... Ich höre ihre Stimme und schaue aus dem Fenster. Sie spielt mit dem Schäferhund auf der Terrasse, wirft einen Stock weg, und Arco, der Schäferhund, springt ihm keuchend nach, um ihn zu ihr zurückzubringen, einmal, zweimal, immer wieder. Und Schwester Giuliana lacht wie ein kleines Mädchen und entdeckt mich plötzlich am Fenster. Sie schaut mich an, als ob sie um Verständnis bitten möchte, und mit ihrer hellen Stimme ruft sie zu mir hoch in den ersten Stock: „Ingrid, schau, der Kleine will immer spielen." Ihre helle Stimme wird einen Augenblick noch heller, und sie hebt die Schultern hoch und runter. „Er ist noch so klein, er braucht das ... wir haben ihn aus dem Tierheim geholt." Sie streichelt ihn, und während Arco sie mit treuen Hundeaugen anschaut, wird ihr Lächeln immer weicher. Was für eine hübsche Schwester!

Ich gehe hinunter zu ihr auf die Terrasse. Wir setzen uns auf eine Bank und schauen schweigend auf das Panorama, das sich vor uns ausbreitet: Geranien, Obstbäume, Hügelketten mit Olivenhainen. In einiger Entfernung sehen wir die Basilica San Francesco und die Basilica Santa Maria degli Angeli. Schwester Giuliana erklärt mir, dass dieses eine kaum bekannte Gegend außerhalb von Assisi ist, dass fast niemand auf diese Seite komme, deshalb sei es so still, so besonders schön hier. „Ingrid, nimmst du diesen süßen Duft wahr?" Schwester Giuliana schaut mich an. Es ist wahr, immer wieder trägt eine Brise den Duft von blühenden Ginsterbüschen zu uns. Mir fällt auf, wie sehr sie mit der Natur und den Tieren verbunden ist!

Ich habe mich in diese Einsamkeit zurückgezogen, um ein paar Tage Einkehr zu halten. Schwester Giuliana hütet das Haus, das einem Priester gehört, der zur Zeit in Frankreich ist. Wir sitzen noch immer nebeneinander auf der Bank und können uns kaum sattsehen an dieser paradiesischen Natur. Manchmal schaue ich Schwester Giuliana verstohlen von der Seite an, sie spürt es und erwidert meinen Blick ... und da ist es wieder, dieses sanfte Lächeln, das mich schon immer bezauberte. Ihr feines, blasses Gesicht wirkt lebendig und intelligent. Obwohl sie eine einfache braune Schwesterntracht trägt und ein schlichtes Tuch um den Kopf geschlungen hat, macht sie den Eindruck auf mich, als käme sie aus einem noblen, aristokratischen Hause.

Ich hatte sie vor ein paar Wochen um ein Interview gebeten, aber Schwester Giuliana war immer beschäftigt. Hier draußen in dieser Abgeschiedenheit scheint es nur noch sie, mich und den Hund zu geben, der sich vor unseren Füßen friedlich ausgebreitet hat. Die Ruhe und Stille hier außerhalb von Assisi übertragen sich auch auf uns. Wir haben Zeit, wir nehmen uns Zeit füreinander. Langsam beginnen wir Gedanken auszutauschen über Gott und die Großartigkeit seiner Schöpfung. Ich interessiere mich für ihr Leben. Ohne vorbereitet zu sein, kommt es wie selbstverständlich zu den Fragen und den spontanen Antworten.

Schwester Giuliana, ich muss gerade an unser Treffen vor einigen Jahren dort unten im Tal in der kleinen Kapelle denken. Erinnerst du dich noch daran, wie wir uns kennengelernt haben?

Oh ja, ich habe eine ganz klare Erinnerung daran. Du warst kniend auf der zweiten Bank in der Kirche tief im Gebet versunken. Auf einmal fingst du an zu weinen. Ich befand mich auch dort, weil es die Zeit der Meditation und Anbetung war. Ich dachte, du hättest vielleicht Schwierigkeiten, brauchtest Hilfe, und so bin ich zu dir gekommen, legte eine Hand auf deine Schulter und sagte: „Guten Morgen, geht es dir nicht so gut?" Du hast dich umgedreht, deine Augen waren voller Tränen, und mit einem Lächeln hast du geantwortet: „Du bist sehr freundlich … na ja, die Wellen des Lebens … du kennst das bestimmt, oder?"

Wir fingen an zu sprechen, und du hast mir etwas aus deinem Leben erzählt. Dann lud ich dich ein, ins Haus zu kommen. Schwester Vittoria war da, und du hast von dir und deinem Mann berichtet und wie es zu eurer Entscheidung kam, nach Assisi zu kommen, und so begann unsere Freundschaft.

Schwester Giuliana, ich würde mich freuen, etwas von deinem Leben zu erfahren, bevor du Schwester geworden bist. Hast du schon als Kind gebetet?

Ja, ich erinnere mich daran, dass wir jeden Abend zusammen mit meiner Mutter beteten. Mit meinem Vater haben wir den Rosenkranz gebetet. Meine Mutter war Hausfrau, sie hat mir beigebracht, mich mit eigenen, einfachen Worten an Jesus wie an einen Freund zu wenden. Außerdem hat sie mir Geschichten von Kindern vorgelesen, die bereits in jungen Jahren Märtyrer waren. Deshalb wollte auch ich eine Märtyrerin werden. Ich weiß noch genau, als ich 7 oder 8 Jahre alt war, bekam ich von meiner Mutter und meinem Vater das Büchlein mit der Geschichte der Maria von Fatima geschenkt. Es handelt von den drei Kindern, die die Jungfrau gesehen haben, und deshalb wollte auch ich Maria sehen. Meine Freundin und ich begannen, kleine Opfer zu bringen und auf alle möglichen Dinge zu verzichten, denn wir waren überzeugt davon, dass uns Maria dann erscheinen würde.

Und dann ist etwas Wunderbares anlässlich meiner Erstkommunion geschehen. Ich war die einzige Tochter. Meine

Mutter hatte eine Frühgeburt, nachdem sie gestürzt war, und deshalb konnte sie danach kein Kind mehr austragen. Dabei sehnte ich mich doch so sehr nach einer Schwester! Meine Mutter sagte zu mir: „Wenn du zu deiner Erstkommunion gehst, sprich zu Jesus, vielleicht erfüllt er deinen Wunsch."

Im Alter von 8 Jahren ging ich zur ersten Kommunion und bat Christus, mir eine Schwester zu schenken. Und tatsächlich bekam ich bald ein Schwesterchen! Zwei Jahre später wurde sogar noch ein Brüderchen geboren!

Eigentlich wollte ich schon als Kind Ordensschwester werden. Wie viele Male habe ich beim Spielen zu Jesus gesprochen! Weißt du, ich bin inmitten der Natur aufgewachsen, mit einem Gemüsegarten, mit Hühnern und Hasen. Ich fand es wunderschön, auf dem Land zu leben, Ich habe eine herrliche Kindheit erlebt.

Willst du sagen, dass du damals als kleines Mädchen Jesus schon ganz nah bei dir gespürt hast?

Ja, absolut! Seine Präsenz gehörte irgendwie zur Familie, so als ob er wie ein Bruder wäre. Meine Eltern hatten uns auf ganz natürliche Weise an den Glauben herangeführt. Als ich zur Oberschule ging, habe ich wie alle heranwachsende Jugendliche erlebt, wie der Glaube in eine Krise geriet. Die religiösen Praktiken kamen zu einem Stillstand. Es tauchten immer mehr Fragen in mir auf, und ich suchte Antworten darauf. Ich fing an, mich für weltliche, politische Dinge zu interessieren, weißt du, ich bin ein Kind der 68er Jahre.

In unseren Zeiten gab es sehr viele Ideale von Gerechtigkeit, Frieden und Brüderlichkeit, und ich habe mich Hals über Kopf in diese Wirklichkeit hineingestürzt. Es waren die Zeiten von Martin Luther King, von John F. Kennedy, den „Blumenkindern", die Zeiten der Friedensbewegungen gegen den Vietnamkrieg, gegen alle Formen von Gewalt, und es waren auch die Zeiten von Che Guevara und der großen Ideale der Befreiung und Freiheit für die Völker.

Ich habe mich auch für diese Werte eingesetzt und gekämpft. Zur gleichen Zeit begann sich vor mir eine Welt der Lieder und der Liedermacher zu öffnen, so dass der Glaube und auch die Gegenwart von Jesus nicht mehr so im Vordergrund standen.

In welchem Alter hast du dich von der Religion entfernt?

In der Zeit vom 14. bis zum 16. Lebensjahr. Es war das Alter, in dem ich diese Krise erlebt hatte. Es machte keinen Sinn, am Sonntag zur Messe zu gehen, auch schon deshalb nicht, weil die Predigten so weit vom wirklichen Leben entfernt zu sein schienen. Ich wäre gerne nach Frankreich gegangen, um für die Ärmsten der Gesellschaft zu arbeiten, aber dann habe ich meine Schule beendet, eine Arbeit gefunden und mich dort engagiert ... Und dann passierte etwas, was mir die Augen öffnete und meine Gedanken und mein Leben in eine andere Bahn lenkte.

Eines Tages, als ich Blumen auf den Feldern sammelte, wurde ich von drei Jungen angegriffen. Sie warfen mich brutal auf die Erde – ich war damals 15 Jahre alt –, und ich bin vor Schreck beinahe gestorben. Ich wusste nicht, wie ich mich verteidigen konnte. In dem Augenblick habe ich mit all meiner Kraft Gott und die Madonna gerufen ...

Plötzlich hörte man Schritte auf dem Weg, als ob sich jemand nähern würde, und in diesem Moment ließen mich die Jungen sofort los und rannten weg. In Wirklichkeit ist niemand gekommen ... aber ich habe diese Schritte gehört, so als ob sich tatsächlich jemand genähert hätte, und das müssen auch die Jungen gehört haben, denn sie nahmen ihre Fahrräder und fuhren auf und davon.

Ich bin nicht vergewaltigt worden, aber ich habe diese Gewalt gespürt, und ich schämte mich. Einige Monate später ging ich zu einem Priester, zur Beichte, aber er wiederholte, dass ich aufhören sollte, mich schuldig zu fühlen, und stattdessen vielmehr Gott danken sollte, dass Er mich gerettet hatte. Dieses Erlebnis hat mir gezeigt, dass mein Leben unter dem Schutz Gottes stand, und wie wichtig es war, an Ihm festzuhalten und Ihm zu vertrauen.

Hast du nach diesem gefährlichen Abenteuer deinen Lebensstil geändert und zu deinem religiösen Leben zurückgefunden?

Ja, sofort nach diesem Überfall. Bis dahin hatte ich den Zauber der Natur erlebt, aber dann ist mir bewusst geworden, dass es wirklich das Böse gibt, und dass das Böse nur durch das Gute mit der Hilfe Gottes besiegt werden kann. Es gibt keinen anderen Weg. Gott hat mich damals beschützt! Er hat mich gerettet.

Ich begann wieder zu beten und praktizierte nicht nur die Religion, sondern ging zusätzlich ins Oratorium und trat der „Katholischen Aktion" bei. In der damaligen Zeit war die „Katholische Aktion" sehr aktiv, sie vermittelte der Jugend eine gute Ausbildung und half ihr, sich in der Gesellschaft und in der Welt positiv zu entwickeln. Ich war bei den Tätigkeiten sehr engagiert und habe viele Freundschaften mit anderen Mädchen geschlossen, die genauso dachten wie ich.

Ich führte die Berufsschule zu Ende. Außerdem habe ich mich in einen Mitschüler verliebt ... Ein tolles Erlebnis ... *(Schwester Giuliana lacht wie ein junges Mädchen)* und ich fing an zu arbeiten. Als junges Mädchen hatte ich manchmal den Wunsch, später zu heiraten und viele Kinder zu haben ... aber nach und nach spürte ich immer deutlicher den Ruf, ein Leben zu führen, das fest im Gebet und im Evangelium verankert ist. Ich wollte das Evangelium verkündigen, um zu einer besseren Welt beizutragen. Zur gleichen Zeit kam es zu Überlegungen, welche Schritte dazu notwendig wären ...

Ich sprach mit meiner Mutter, zu der ich ein großes Vertrauen hatte und die immer über alles informiert war. Ich kannte ein Kloster, und wenn es die Arbeit erlaubte, dann ging ich von Zeit zu Zeit dorthin. Ich lernte die Schwestern des Klosters besser kennen. Sie waren Vorbilder für mich. Es war ein Ansporn für mich zu erleben, wie sie das franziskanische Leben in die Tat umsetzten, zu dem ich mich so hingezogen fühlte!

Mit 20 Jahren habe ich mein Elternhaus verlassen und bin nach Rom gegangen. Ich machte die Ausbildung, um Schwester zu werden, und legte die Gelübde ab. Die Oberen des Ordens wollten, dass ich das Studium auf der Universität weiterführte, ich habe promoviert und dann 16 Jahre lang an der Realschule unterrichtet.

Wenn ich die Wahl gehabt hätte, dann hätte ich nicht Philologie, sondern Religion unterrichtet, aber ich habe das Gehorsamkeits-Gelübde befolgt. Ich bemühte mich, im Geschichts-, Erdkunde- und Italienischunterricht menschliche Werte und christliche Zusammenhänge mit einfließen zu lassen. Wir haben auch Musicals und Theaterstücke aufgeführt. Es ist so wichtig für die Schüler, dass sie von dem Leben großer Persönlichkeiten bewegt werden, die dazu anregen, über das eigene Leben nachzudenken.

Ich lernte die Schüler näher kennen, und mir wurde bewusst, dass es bei den meisten innerhalb der Familien zu keinem Dialog kam. Der Schüler bekommt in der Schule etwas vermittelt, und dann erlebt er etwas ganz anderes in der Gesellschaft, zu Hause, draußen in der Welt. Das ist nicht leicht für den Schüler, und es ist auch nicht leicht für den Lehrer. Dennoch muss ich sagen, dass ich gerne in der Schule gewesen bin. 30 Jahre lang blieb ich in Rom.

30 Jahre lang am gleichen Ort! Das ist eine lange Zeit!.

Begegnung mit Bruder Antonio

Es war Samstagabend. Was für ein wunderbarer lauer Herbstabend! Ich ließ Assisi mit seinen alten Stadtmauern hinter mir und ging langsam den malerischen Weg hinunter zur Kirche von San Damiano. Während ich mich kaum sattsehen konnte an den uralten Olivenhainen, die sich rechts und links des lieblichen Weges ausbreiten, freute ich mich schon auf die Vesper. Ich liebe die Vesper am Abend in dem einfachen Kirchlein. Als ich die Kapelle betrat, war ich erstaunt, Bruder Antonio am Altar zu sehen. Er war vor zwei Jahren in die Basilika Santa Maria degli Angeli versetzt

„... der schönste Tag meines Lebens ...“
Bruder Antonio

Danksagung

Ich bin Gott dankbar, dass Er mich den Wunsch spüren ließ, die franziskanischen Brüder und Schwestern zu interviewen. Ich danke dem hl. Franziskus, dass er mir geholfen hat, dieses Werk zu Ende zu führen, das davon berichtet, wie die Franziskaner heutzutage leben.

Im Jahr 2009 wird das 8. Jahrhundert seit der Gründung des franziskanischen Ordens gefeiert!

Ich bin dankbar, dass ich die Möglichkeit hatte, einen Einblick in diese Welt innerhalb eines Ordens zu bekommen. Ich danke euch allen, liebe Schwestern und Brüder, dass ihr Zeugnis abgelegt habt: von eurer Berufung, von eurer Treue, von der Schönheit und Glaubwürdigkeit eures Glaubens auf dem Weg zu Gott. Eure Worte haben mir geholfen, und wie ich hoffe, werden sie auch dem Leser dienlich sein, sich selbst noch einmal zu fragen, ob und wie jeder „seiner eigenen Berufung" folgen kann. Die einfache und authentische Begegnung mit euch allen ist so interessant und bewegend gewesen, dass sie in mir unauslöschliche Spuren hinterlassen hat.

Ich bin Gott dankbar, dass Er mir in Assisi die Begegnung mit Silvia Camurati ermöglichte, die leidenschaftlich am Prozess der Buchentstehung mitgewirkt und mir vorwiegend bei Übersetzungen und Textkorrekturen geholfen hat. Ihre Freundschaft, ihr Eifer und ihre kompetente Unterstützung haben dazu beigetragen, dass ich „meinem Ruf" folgen und diese Interviews veröffentlichen konnte.

Darüber hinaus danke ich Pater Emanuele Sambuco und Carla Vitali, Friederike Weis und Brigitte Pisters, die an diesem Projekt mit Begeisterung und Pünktlichkeit gearbeitet haben. Es sind so viele Menschen, die diesem Projekt ei-

nen Teil ihrer wertvollen Zeit gewidmet haben. Ich danke meinen Freunden Pater Valerio, Paola Colombo, Susanna Garavaglia, Carole Mayne, Rima Wurzenrainer und vielen anderen noch, die ich gar nicht nennen kann, für ihre Anregungen und wertvollen Ratschläge. Durch ihren wachsenden Wunsch, eines Tages die Interviews in Buchform lesen zu können, haben sie mich angespornt, auf diesem Weg Schritt für Schritt mit Vertrauen weiterzugehen, trotz der vielen Schwierigkeiten, mit denen ich unterwegs konfrontiert wurde.

Ein großer Dank geht an meine Familie, an meinen Mann Rolf (der nach einer langen Krankheit nun in himmlischen Gefilden weilt) und an meine Kinder Claudia, Peter, Christian und Joy, die ich alle sehr liebhabe. Sie brachten mir Verständnis und Achtung entgegen, als ich glaubte, eine Klarissin werden zu wollen. Mit Interesse und Anteilnahme hörten sie meinen Berichten über die Begegnungen mit den Schwestern und Brüdern zu. Zusätzlich unterstützten sie mich, in meinen Bemühungen fortzufahren, das Buch „Gottsucher“ zu verwirklichen. Ich möchte noch einen besonderen Dank an meine Tochter Claudia hinzufügen, die dieses Werk mit ihren Fotos bereichert und damit einen wichtigen, wertvollen Beitrag geleistet hat.

Ich danke Gott, dass Er mich verstehen ließ, dass es mein Weg ist, „in der Welt“ zu leben.

Il ne vous appartient pas, à vous parents, non plus qu'à moi, de redresser l'enseignement, en lui restituant la valeur formatrice qui devrait être son but premier et permettre à vos enfants d'aborder l'avenir avec des forces bien entraînées. En revanche, il vous revient de profiter de la chance qui vous est offerte pour leur fournir, dans toute la mesure du possible, cet entraînement et ce perfectionnement intérieur, qui me semblent d'un profit bien plus assuré que les calculs à court terme, que le temps ne cesse de déjouer.

Car cet avenir, vous ignorez ce qu'il sera. Le XXIe siècle, dans lequel vivront vos enfants, ne s'annonce pas facile. Il sera, en tout cas, très différent de ce que nous avons connu ou connaissons. Les choses changent vite, vous le savez. Cessez donc, je vous en prie, de suivre des modes ou des habitudes liées à une situation incertaine. Je vous ai parlé du passé,

mais, vous le comprendrez sans aucun doute, c'est parce que je songe à l'avenir. Je vous demande d'y réfléchir. Et je forme des vœux ardents pour l'avenir de vos enfants.

J. de ROMILLY
octobre 1993

TABLE DES MATIÈRES

Cet ouvrage réalisé en PAO Éditions de Fallois
a été imprimé sur presse CAMERON
dans les ateliers de la S.E.P.C.
à Saint-Amand-Montrond (Cher)
en décembre 1993

N° d'édition : 191. N° d'impression : 3032.
Dépôt légal : décembre 1993

Imprimé en France

Ja, das stimmt, aber meine Aufgaben haben mir erlaubt, andere Gemeinschaften in Nahost zu besuchen. Ich bin sieben Mal in Israel gewesen, ich war in Syrien, im Libanon, in Ägypten und auch in Jordanien. Ich war auch auf dem Berg der Seligpreisungen, in Nazareth, in Kanaan, in Jerusalem, in Haifa und in Jericho. Eine unvergessliche Rundreise, die ich als große Gnade empfinde. Wenn ich das Evangelium aufschlage, tauchen bei mir Erinnerungen an diese Plätze auf, die eine lebendige Geschichte beinhalten. Auch im Evangelium für den heutigen Tag sagt Jesus: „Geht hin ...", bei diesen Worten sehe ich sofort die staubigen Straßen aus dem Heiligen Land ...

Begleiten dich die Worte des Evangeliums, die du am Morgen gehört hast, während des Tages?

Ja, absolut. Es ist so, als ob jemand etwas Wunderbares entdeckt hat, und sich wünscht, dass alle daran teilnehmen. Es schmerzt, wenn man sieht, wie Menschen Hunger haben und nicht wissen, dass sie einen Tisch vor sich haben, der voll von Essen ist und Freude bringt ... ich habe dir ja schon gesagt, dass ich viele Jahre während meines religiösen Lebens spürte, wie sich in meinem Herzen eine besondere Berufung entfaltete.

Ich möchte dir ein Erlebnis erzählen. Eines Tages, als ich vor Jesus in der Eucharistie kniete, fühlte ich deutlich die Notwendigkeit, dass aus unserem religiösen Institut ein neuer Zweig hervorgehen müsste, der das Evangelium ganz lebendig macht; indem man die Armut so lebt, wie der hl. Franziskus sie gelebt hat, ohne Eigentum und ohne Kapital, mit der Bereitschaft, andere Menschen in einer Gemeinschaft aufzunehmen, in der man alles teilt, in der man den Menschen nahe ist, eine Gemeinschaft, die Geweihte oder auch Laien aufnimmt.

Ich wollte ein Leben führen, in dem man Unsicherheit und Armut spürt und sich vollkommen der göttlichen Vor-

sehung übergibt, das bedeutet, wie in den „Seligpreisungen" arm im Geist zu sein, sanft, mitfühlend und verständnisvoll, und sich für den Frieden einsetzen ...

Als ich noch im Kloster war, habe ich mich darum bemüht, freudig dem Willen der Oberin zu gehorchen, Ich wollte nie Dinge durchsetzen, die in meinem Kopf waren, bis ich mich eines Tages entschlossen habe, eine Zeitlang außerhalb des Klosters zu leben, um wirklich klar herauszufinden, was ich wollte und fühlte.

Am Anfang sprach ich nur mit meiner Generaloberin darüber. Danach machte ich eine Pilgertour nach Medjugorje. Ich wollte mit anderen, die mir nahestanden, darüber sprechen, und das tat ich auch bei meiner Rückkehr. In jener Zeit war ich hier in Assisi die Oberin einer Gemeinschaft von fünf Schwestern. Es lebten noch zwei Mädchen mit uns zusammen. Eine der Mitschwestern sagte: „Auch ich spüre das Gleiche in mir. Wenn du dich entscheidest, etwas in diesem Sinne zu unternehmen, dann gehe ich mit dir."

Um es kurz zu machen, ich habe die Oberen um Erlaubnis gebeten und sie erhalten. Ich habe nie bereut, dass ich diese Entscheidung gefällt habe, auch wenn viele Dinge auf unserem Weg schmerzhaft waren.

Es war uns klar, dass es nicht möglich war, diese Erfahrung innerhalb des Klosters zu machen. Wir baten darum, das Kloster verlassen zu dürfen, aber letzten Endes bedeutete das, dass wir aus dem Leben unserer Gemeinschaft austreten mussten, das nennt man „Exklaustration".

Wir machten uns sofort auf die Suche nach einem kleinen Haus, um ein ganz und gar selbständiges Leben zu führen und um zu sehen, ob uns Gott tatsächlich gerufen hatte. Wir waren zu dritt, zwei Schwestern und ein Mädchen, und ... *(sie hält inne, so als ob sie diesen Moment genießen würde)* ... stell dir vor, wir haben mit der göttlichen Vorsehung ein Haus mit einer kleinen Kirche gefunden! Dort sind wir drei Jahre lang geblieben. Jetzt haben wir folgen-

den Status: wir sind die Franziskanische Gemeinschaft der Missionarinnen im Dienste des Evangeliums.

Was bedeutet das? Geht ihr zu den Menschen, betet ihr mit ihnen und verkündet das Evangelium?

Zuerst einmal versuchen wir selbst ein Leben des Gebets zu führen. Am Morgen haben wir die Anbetung, den Lobgesang und die Messe. Wir leben von unserer Arbeit und von den Spenden, die wir bekommen. Während des restlichen Tages versuchen wir, so weit es möglich ist, zu Menschen zu gehen, um eine Stimmung von Freundschaft, Heiterkeit, Frieden und Freude zu verbreiten. Wir hören den Menschen zu und bemühen uns, über das Evangelium zu sprechen.

Was für eine mutige Entscheidung ihr getroffen habt! Wie geschieht das, geht ihr von Haus zu Haus?

Ja! Wir verweilen dort, hören zu und unterhalten uns, wir versuchen das Evangelium zu verkünden, das heißt, ihnen das Wort Gottes nahezubringen.

Also das bedeutet praktisch gesehen, dass ihr an die Tür klopft, euch jemand öffnet, und dann?

Wir sagen „Guten Morgen", und wir stellen uns vor. Aber jetzt kennen uns alle, es ist nicht mehr notwendig, dass wir uns vorstellen, und es gibt natürlich viele Menschen, die zu uns kommen.

Kommen die Menschen zu euch, weil sie einen Rat brauchen, um verschiedene Probleme zu lösen?

Genau deshalb. Und außerdem, weil wir einen Dienst anbieten. Schwester Vittoria ist Krankenschwester, und sie hat

mehr als nur einmal Kranke gepflegt, die Hilfe brauchten. Und ich habe, durch meine Fähigkeiten als Lehrerin bedingt, Unterricht erteilt. Aber wir bitten nie darum, etwas zu bekommen. Wir nehmen dankbar alles an, was uns die Menschen schenken. Als ich zum Beispiel einem Mädchen gratis Unterricht erteilte, gaben uns die Eltern einige Male ein Hühnchen oder Eier oder Gemüse. Das sind wichtige Dinge für uns, weil wir ja essen müssen. Schwester Vittoria hat von Zeit zu Zeit verschiedenste Spenden bekommen.

Wenn ihr keine Spenden bekommt, wovon lebt ihr dann?

Wir widmen uns einfachen Arbeiten, die wir selber zu Hause herstellen; wir machen kleine Rosenkränze, wir dekorieren Kerzen, wir machen künstlerische Gegenstände für Geschäfte oder Privatpersonen. Man verdient nicht viel, aber wir können damit die Wasser- und Lichtrechnungen bezahlen und außerdem kleine wichtige Einkäufe erledigen, und wenn wir dazu nicht in der Lage sind, dann sorgt Gott für uns: Er schickt uns Freunde, die uns helfen.

So ein Leben der Armut zu führen ist genau das, was ihr euch ausgesucht habt: ein Leben ohne die geringste Sicherheit.

Manchmal kaufen die Menschen, die wir aufnehmen, für uns ein, oder sie hinterlassen uns eine kleine Spende. Wir bitten um nichts, niemals. Gott hilft immer rechtzeitig, und deshalb fühlen wir uns sehr reich, denn der Herr begleitet uns. Wir haben auch verschiedene Schwierigkeiten gehabt, denn es ist nicht immer alles so einfach. Wir mussten unser Haus und die kleine Kapelle verlassen. Wir mussten ein anderes Haus finden, und der Herr hat uns dabei geholfen … auch das war ein Haus in Miete, die von zwei Personen eine Zeitlang bezahlt wurde, ohne dass der eine vom anderen wusste, dass auch der andere bezahlte! Deshalb war es uns

möglich, ein ganzes Jahr dort zu leben, ohne selbst Miete zahlen zu müssen. Aber glaube mir, das fordert jeden Tag aufs neue Vertrauen.

Das bedeutet, dass euer Leben franziskanischer ist als das der anderen. Wenn du gewählt hättest, als Schwester in einem Kloster zu leben, dann würdest du in einigen Dingen mehr Sicherheit haben. Mutig seid ihr! Schwester Giuliana, empfindest du dein Leben von Zeit zu Zeit als Opfer?

Absolut nicht, im Gegenteil ...

Darf ich dich fragen, wie du mit der Keuschheit umgehst? War das nie ein Problem für dich? Du scheinst mir auch jetzt noch jung zu sein...

Du kannst mich alles fragen! Ich bin schon 55 Jahre alt. Ich bin nicht mehr so jung *(sie lacht fröhlich)*. Ich bin eine normale Frau, und du weißt, als Mädchen hatte ich den Wunsch, viele Kinder zu haben, und von Zeit zu Zeit ist dieser Wunsch wieder in mir aufgetaucht. Einige Male kam mir die Idee, einen Mann haben zu wollen, mit dem ich das Leben teilen könnte, und es kam manchmal vor, dass mein Körper Sehnsucht verspürte, mit einem Mann zu schlafen, aber das habe ich immer als etwas absolut Normales empfunden, und ich habe jedes Mal gesagt: „Ich danke dir, Herr, denn das ist eine Bestätigung, dass ich eine normale Frau bin.“ *(Sie lächelt aufs neue.)*

Jesus hat mir immer alles gegeben, auch als Frau, und zwar in einer Fülle, die mich mit großer Heiterkeit meine Keuschheit hat leben lassen ... Es gab Augenblicke der Intimität, die wirklich sehr schön waren.

Das bedeutet, dass du Jesus manchmal so siehst, als wäre er dein Geliebter?

Ja, manchmal, besonders als ich jünger war. Und zwar in der Weise, wie du gestern gebetet hast … so wie eine Person, die dich umarmt und dich ganz mit ihr verschmelzen lässt. Das ist ein Erlebnis, das mich Jesus in seiner Gnade einige Male erleben ließ, so dass ich mich auch körperlich ganz erfüllt fühlte.

Natürlich gab es in meinem Leben auch Augenblicke des Kampfes und der Dunkelheit, aber mit der Hilfe Gottes habe ich sie überwunden. Jeden Tag werden wir so reich von Ihm beschenkt … Gott liebt uns, ach, wenn wir alle in unserem Herzen doch nur ein wenig von Seiner großen Liebe spüren könnten!

Siehst du, Ingrid, das ist das Evangelium, das wir zu verkünden berufen sind! Und auch wenn einige Menschen der Kirche, einige Priester, Schwestern, Brüder usw. so oft über unsere Schuld und über das Leiden sprechen … Pech für sie *(wie kraftvoll und freudig ihre Stimme wird!)*, das Evangelium ist ein Evangelium der Freude, der Liebe!

Du siehst wie enthusiastisch ich bin … es stimmt, ich habe diese Vision, dass eines Tages viele Menschen in unserer Gemeinschaft leben, das heißt, dass sie sich dafür einsetzen, Gott zu suchen, mit Begeisterung das Evangelium lesen, und daran glauben, dass Gott durch diese Worte zu uns spricht. *(Ihr Enthusiasmus ist wirklich ansteckend, und ich bemerke, wie ich anfange, darüber nachzudenken, ob auch ich eines Tages mit ihnen zusammenleben könnte …)* Stell dir vor, was das für eine Freude wäre, gemeinsam das Wort Gottes zu lesen, es zu leben, und während des Tages bei den verschiedensten Gelegenheiten Beispiel dafür abzulegen …

… in so einem herrlichem Ort wie diesem …

Das wäre traumhaft! (*Schwester Giuliana wirft die Arme in die Luft und ruft fröhlich:)* Hast du das gehört, lieber Gott?

Und auf einmal sind wir beide so glücklich, als hätte sich ihr Traum bereits realisiert …

Auch Arco, der junge, verspielte Schäferhund, scheint sich wohlzufühlen. Er streckt sich und gibt ein paar wohlige Laute von sich. Schwester Giuliana streichelt ihn. „Wie brav du bist, Arco! Komm, jetzt hast du dich genug ausgeruht!" Der Hund springt hoch und antwortet auf seine Weise: er holt einen alten Schuh und legt ihn vor die Füße von Schwester Giuliana. Sie nimmt ihn und wirft ihn mit einem Schwung nach vorne in den Garten: „Hol ihn Arco, lauf! Hol ihn!"

Bruder Luigi

„Ich betrachte die Keuschheit als Geschenk"

Er ist von einer Pilgergruppe im Innenhof der Einsiedelei Eremo delle Carceri umgeben. Er spricht über das Leben von Franziskus. Es ist das erste Mal, dass ich ihn sehe. Ich beobachte ihn, er fühlt meinen Blick und antwortet mit einem lächelnden Augenzwinkern. Man könnte ihn leicht übersehen, den jungen Bruder mit den braunen, dichten Haaren. Er ist nicht besonders groß, eher klein und generell zurückhaltend. Er hat etwas Stilles, Liebevolles an sich. Es ist kalt heute. Der Wind ist eisig, und ich frage mich, wie der Bruder es aushalten kann, ohne Strümpfe in den leichten Sandalen herumzulaufen, und so lange unbeweglich mit den nackten Füßen in der Kälte des Klosterinnenhofes zu verweilen.

Die Glocken des Klosters läuten, es ist der Ruf zum Abendlob. Der Bruder verabschiedet sich von den Pilgern, und mit schnellen Schritten geht er in die Richtung zur Kapelle. „Kommst du auch?" fragt er mich, obwohl er mich doch gar nicht kennt. Mit einem kurzen „ja, ja" folge ich ihm. Noch ist die Kapelle leer, und ich gehe zu meinem Platz, wo ich normalerweise sitze. Kurz darauf kommen die Schwestern und Brüder, die hier im Kloster wohnen. Nach einem Gebet folgen eine halbe Stunde Anbetung und dann das Abendlob.

Mich beeindruckt die Körperhaltung des neuen Bruders während der Anbetung. Ich schaue verstohlen zu ihm hin; er kniet die ganze Zeit und scheint tief in Kontemplation versunken zu sein. Während der Vesper spielt er die Orgel. Er singt mit kräftiger, ausdrucksvoller Stimme. Nach dem Abschlussgebet begrüße ich die Schwestern und Brüder, stelle mich dem neuen Bruder vor und frage ihn, seit wann er in der

Einsiedelei ist. Er schenkt mir wieder sein warmes Lächeln, und wir wechseln ein paar Worte miteinander. „Bruder Luigi" ist im zweiten Jahr seines Noviziats. Er studiert noch und muss bald seine Prüfungen ablegen. Er weiß nicht, wie lange er hier bleiben kann, bis er an einen anderen Platz berufen wird.

Ich schlucke ein paar Mal und frage dann mutig, ob er zu einem Interview bereit sei. Er schaut mich mit erstaunten Augen an. Ich gestehe ihm, dass ich ein wenig niedergeschlagen und enttäuscht bin, weil gerade eine Schwester ihre bereits gegebene Zusage zu einem Interview zurückgezogen hat, ohne mir eine Erklärung dafür zu geben, und dass mir nichts anderes übrigbleibt, als diese Tatsache zu akzeptieren. Ich gebe ihm zu verstehen, dass ich mich über eine Zusage von ihm sehr freuen würde.

Bruder Luigi scheint zu überlegen. Er wirft einen Blick auf die Uhr und führt mich in einen kleinen Raum, der dazu dient, persönliche Gespräche mit den Brüdern zu führen. Ich kannte dieses Zimmer von früher und bin beinahe sprachlos, wie sehr es sich verändert hat. Die Wände sind gestrichen, die braunen Türen frisch lackiert, auf dem glänzenden dunklen Holztisch liegt eine kleine Tischdecke, darauf auf einem Holzgestell aufgeschlagen die Bibel, rechts davon eine große Kerze. Einige Pflanzen unterstreichen die einladende Atmosphäre des Zimmers. Man spürt sofort, dass die Renovierung des Raumes mit Liebe und Hingabe verrichtet wurde.

„Oh ... so schlicht und so schön", kommen die Worte langsam aus mir hervor. Bruder Luigi antwortet mit diesem sanften Lächeln, das mir nun vertraut ist: „Es freut, mich, dass es dir gefällt." „Ist das dein Werk?" frage ich ihn. Er antwortet bescheiden, aber auch voll Freude: „Na ja, nichts Großartiges, aber als ich hierher in die Einsiedelei kam, wollte ich mich ein bisschen nützlich machen und den Raum etwas verändern." Er hält inne und sagt dann: „Ich mag die einfachen Dinge, die von der Schönheit Gottes sprechen."

Wir setzen uns auf einfache alte Holzstühle (ebenfalls frisch lackiert). Bruder Luigi richtet ein Gebet an Gott und Maria und versenkt sich danach einen Augenblick in die Stille. Ich warte, bis er bereit ist, und beginne mit den Worten:

Bruder Luigi, du bist kein Italiener, nicht wahr? Woher kommst du? Kannst du mir etwas aus deinem Leben erzählen?

Ich bin Brasilianer und komme aus einer Region, die in der Nähe der Hauptstadt unseres Landes liegt. Ich bin in einer katholischen Familie geboren und aufgewachsen. Wir hatten immer viele Kontakte zu franziskanischen Brüdern und Schwestern. Schon als kleiner Junge fühlte ich mich zu ihrer Lebensweise hingezogen. Als ich 5 Jahre alt war, zog ich mich manchmal in die Stille unserer Kirche zurück und verweilte in der Nähe unseres Tabernakels. Ich hatte keine Ahnung, woran es lag, aber ich spürte dort immer soviel Frieden und Geborgenheit.

Ich würde sagen, dass die Religion schon in meiner Kindheit eine wichtige Rolle spielte. Ich bin Gott so dankbar dafür! Meine Großmutter war sehr religiös, mehr noch als meine Mutter. Meine Mutter war auch sehr gottgläubig, aber sie hat erst, nachdem sie durch viel Leid gegangen war, zu einem tiefen Glauben gefunden.

Ich war ein sehr ruhiges und zufriedenes Kind. Ich spielte viel, war sehr fröhlich und auch sehr spontan. Meine Eltern erinnern sich daran, dass ich immer sehr klar war, als es darum ging, Entscheidungen zu treffen. Im Alter von 10 Jahren ging ich auf eine franziskanische Schule und sah dort jeden Tag Priester und Brüder. Sie übten eine besondere Anziehung auf mich aus. Ich erinnere mich noch daran, dass auf der Tafel in unserer Klasse geschrieben stand: „Der Herr ruft dich! Was ist deine Antwort?" Ich glaube, dass ich mich bereits im Alter von 9 oder 10 Jahren zum Bruder

berufen fühlte, und ich spürte ein großes Verlangen, leidenden Menschen zu helfen.

Wenn du deine Lebensgeschichte betrachtest, erkennst du auf einmal, dass Sein Ruf immer klarer wird! Du spürst, dass Er an deiner Seite ist und dich überall hin begleitet, dass Er ständig in deinen Gedanken ist, Er wird zu deiner großen Liebe. Er ist bei dir! Wie ich schon sagte: Er selber lässt dich deine Geschichte und was Er in Seiner Liebe für dich vorhat verstehen.

Ungefähr vor acht Jahren habe ich nach meinem Medizinstudium die Ausbildung für Frauenheilkunde und Geburtshilfe abgeschlossen. Danach bin ich nach Europa gegangen, um Fachkurse in einigen Universitäten zu belegen. Die letzte Universität, die ich besuchte, war in Florenz. Ich war es müde geworden, nach dem tieferen Sinn des Lebens zu forschen. Als ich nach Assisi kam, und die Plätze von Franziskus zu besichtigen, habe ich beschlossen, mit aller Kraft Gott darum zu bitten, mich verstehen zu lassen, was Sein Wille ist. Ich versichere dir, dass Er das getan hat. Kurz nachdem ich nach Brasilien zurückkehrte, machte ich mich auf den Weg, um mich geistlich beraten zu lassen, in welches Kloster ich eintreten sollte! Es war so eine Gnade, wie alles von Ihm geführt war.

Wie haben deine Eltern deine Entscheidung aufgenommen?

Am Anfang ist es sehr schwierig für sie gewesen. Sie hatten sich vorgestellt, dass ich Erfolg in meinem Beruf haben würde, und auch der Gedanke, dass ich dann nicht mehr bei ihnen leben würde, war problematisch für sie. Außerdem bin ich immer ein Mensch gewesen, der rege am Familienleben beteiligt war. Gerade in den zwei letzten Jahren, bevor ich ins Kloster eintrat, ist meine Familie durch eine schwierige Zeit gegangen, und ich nahm immer eine wichtige Rolle für alle ein. Aus diesem Grund beängstigte sie

der Gedanke, dass ich fortgehen würde. Heute weiß ich, wie kraftvoll meine Gebete in dieser Zeit für uns alle waren. Auch meine Geschwister waren dabei, Entscheidungen zu treffen, um ihr Leben in klare Bahnen zu lenken.

Hast du auch einmal daran gedacht, zu heiraten?

Oh, ja! Ich bewunderte die Menschen, die ein schönes Familienleben führten. Und ich liebe Kinder! Stundenlang konnte ich sie ansehen! Oft kam mir der Gedanke, dass ich mindest 1000 Kinder haben wollte! Darin sehe ich bereits ein Zeichen, dass mir Gott soviel Liebe geschenkt hat, dass ich sie nicht nur auf eine Familie hätte beschränken können. Ich bin mir absolut bewusst, wie schön das Leben innerhalb einer Familie sein kann, und wie sehr man sich dazu berufen fühlen kann, eine Familie zu gründen.

Wie schon gesagt, ich bin unter Franziskanern aufgewachsen. Als ich Franz von Assisi besser kennenlernte, habe ich mich leidenschaftlich zu diesem Mann, der die Armut von Christus gelebt und darin die Glückseligkeit gefunden hat, hingezogen gefühlt. Auch die Tatsache, dass er es als Mann geschafft hat, einen harmonischen Ausgleich zwischen Kontemplation und Tätigkeit zu finden, das hat mich wahnsinnig angezogen: in Kontemplation über Gott zu verweilen, immer in der Gegenwart Gottes zu sein, und dann auch die andere Seite zum Ausdruck zu bringen, das Evangelium zu predigen, und anderen zu dienen.

Was bedeutet es für dich, dass du die Armut, die Keuschheit und den Gehorsam gewählt hast?

Christus hat gesagt, dass wir diese Werte auf der Erde leben sollen. Indem man diese Gelübde befolgt, sehe ich eine Möglichkeit, Christus zu folgen. Ich nehme sie als ein Geschenk an, weil mir Christus durch diese Gelübde die

Je ne puis pas vous affirmer que vos enfants auront le coup de cœur en la lisant. Ni que, s'ils l'ont, ils l'avoueront. Mais que de coups de cœur, à travers les pays et les siècles ! Le désespoir de Didon et sa mort, en notre fin du XXe siècle, c'est sans doute à l'opéra de Purcell qu'ils feront penser avant tout. Et peut-être vos petits sauvages d'enfants à qui l'on n'ouvre plus les portes de la littérature, ont-ils souvent entendu mourir, en anglais, la Didon de Virgile. Je parle de Purcell, mais Didon a expiré dans bien d'autres opéras (à commencer par celui de Campra) ; elle a expiré sur des toiles (de Raphaël, de Claude Lorrain et de bien d'autres). Et même si le titre de l'œuvre ne nomme pas Didon, on la retrouve jusque de nos jours, dans quantité d'œuvres. C'est ainsi que la salle la plus moderne de Paris a monté récemment la plus grande œuvre de Berlioz, à savoir *Les Troyens*. Or, Berlioz l'a écrit en toutes lettres : c'est d'un souvenir scolaire qu'est née son inspiration ; lorsqu'il expliqua, en classe, l'épisode de Didon dans Virgile, il en fut si ému que cette émotion dura en lui, mûrit, revint, et fut à l'origine des *Troyens*.

Cela ne veut pas dire qu'après un cours de latin, vos enfants écriront *Les Troyens*. Et peut-être, au surplus, n'est-ce point là votre idéal. Mais cela veut dire que ces vers d'autrefois restent porteurs d'une émotion première, dont le reflet se lit en tous les temps sans affaiblir l'image-mère. Oseriez-vous

penser que vos enfants ne sont pas capables de ressentir ce que tant de générations avant eux ont si manifestement ressenti ? Ils ne seront pas tous sensibles aux mêmes textes, ni de la même façon, mais pourquoi, soudain, cette source d'émotion seraitelle tarie ? Parce que l'on a inventé l'ordinateur ? Franchement, je ne vois pas le rapport. On avait déjà inventé pas mal de choses, depuis Virgile, rappelez-vous... Et cela n'a pas empêché génération après génération de puiser au contact de ces textes un peu plus de compréhension, non seulement des œuvres, mais des êtres et de la vie — et peut-être un peu de cette noblesse que portent en eux ces grands archétypes, et qui nous manque tant.

Et peut-être ai-je eu tort — entraînée par Racine — de prendre pour exemple une peine d'amour, qui émeut, mais qui ne donne, en fait de leçon, que cette noblesse de cœur et de conduite, à peine avouée, à peine ressentie. La littérature de l'Antiquité n'est pas spécialisée dans les peines de cœur, loin de là ! Aussi aimerais-je partir de l'autre exemple cité plus haut, qui était *Le Bourgeois gentilhomme*.

C'est un peu une gageure : il n'y avait dans l'Antiquité ni bourgeois ni gentilshommes. Et il n'y avait pas (sauf exceptionnellement, chez Ménandre) de comédie sociale. Molière ne doit rien, ici, ni aux Grecs ni aux Romains.

Mais opérons un léger décalage ; et que décou-

vrons-nous ? Loin des problèmes sociaux, tout purs, rehaussés d'ironie, nous découvrons les premiers modèles de l'attaque contre les fausses sciences et les faux savants. Tantôt, c'est Aristophane, se moquant avec éclat des sophistes et même de Socrate ; tantôt c'est Socrate lui-même, amenant tout doucement ses interlocuteurs à cesser d'être fanfarons, à découvrir qu'ils ne savent rien, à réfléchir. Il y a de la comédie, dans ses interrogatoires. Il y a aussi un mouvement nouveau et irrépressible vers une vraie connaissance de l'homme. Et, à l'horizon, il y a l'idée que ce même Socrate, avec sa candeur et son obstination, a fini par être mis à mort injustement, et par subir cette mort avec une sérénité qui reste un modèle tout rayonnant de pureté et d'idéal.

Avec Socrate, je m'offre la part belle. Il serait facile de montrer sa présence, vivante, dans quantité d'œuvres d'art (en peinture, par exemple). Il serait facile de montrer qu'il est devenu, pour les siècles des siècles, le symbole du professeur, du philosophe, de la victime, et du courage souriant. C'est au point que, lors de la dernière guerre, un auteur américain inventait l'histoire d'un Norvégien s'encourageant au sacrifice suprême en relisant le récit de la mort de Socrate. Et tout cela est tellement entré dans les mœurs, usé, vulgarisé, que l'on vient de donner son nom au plus récent et au moins réussi des systèmes de réservation pour les places de

train. Non ! ce n'est pas pour cela que l'on lit Platon ! Non ! je ne revendique pas ce Socrate-là ! Je cite seulement le fait pour rappeler qu'il n'est point besoin d'être helléniste ou philosophe pour connaître son nom. Et je voudrais bien que les jeunes, demain comme hier, connaissent un peu plus que son nom.

J'ai vu des classes s'amuser de l'ironie socratique. Elles étaient pour Socrate, contre l'ignorant ou le pédant. Cela veut dire qu'elles étaient pour le désir de la vérité, pour l'intelligence, pour la patience, pour la courtoisie... Le temps d'une lecture, peut-être ; mais c'est ainsi que se construit spontanément, chez un être jeune, le goût durable de la vérité, de l'intelligence, de la patience, de la courtoisie. Ne souhaitez-vous pas cela pour vos enfants ?

De même, j'ai vu des classes s'émouvoir de la mort de Socrate — admirer, s'indigner, s'émerveiller. Pour un temps, ces classes, alors, étaient possédées par l'horreur de l'injustice, amoureuses de la force d'âme, tentées de partager une certaine foi dans l'au-delà. Rassurez-vous : il ne s'agissait point de leur apprendre à bien mourir. Mais un certain goût de l'idéal peut aussi aider à vivre ; et, à travers les démonstrations antiques, ce goût passait sur les esprits et y laissait sa trace. Ne souhaitez-vous pas un tel contact pour vos enfants ?

Oh ! Il ne s'agit pas de peser, de plaider. Jamais

nous ne leur ferons la leçon, à vos enfants. Nous leur présenterons seulement des textes : à eux de choisir, de sentir, de réagir. L'amitié avec les textes résulte d'un choix spontané, mais exerce son influence comme les autres amitiés. Les textes deviennent, pour jamais, des présences.

L'article de journal, le dossier, l'enquête n'auront point ce privilège. Les œuvres littéraires l'auront. Et ici, il me faut faire une parenthèse : pourquoi, plus spécialement, les textes grecs ou latins ? Non pas eux seuls, bien entendu — mais j'ai dit « plus spécialement ».

La vérité est que je n'en sais rien ; mais c'est un fait que le désir du bien est plus présent, ou plus avoué, dans les littératures d'alors que dans les nôtres. Les maîtres du Ve siècle avant J.-C. faisaient une grande place à Homère, dans l'enseignement des jeunes, parce qu'il offrait, disaient-ils, des modèles faisant aimer la vertu. Là-dessus, au siècle suivant, voilà Platon qui proteste, parce qu'Homère ne donne pas des dieux ni des héros une image assez pure ou assez idéale ! De même pour le théâtre : quand on imagine une contestation entre deux auteurs dramatiques, Eschyle ou Euripide, on s'inquiète alors de mesurer leur influence sur le moral des citoyens. Et tous ces textes de version,

parlant de la vertu ou de la justice ! Qui oserait soutenir de tels thèmes aujourd'hui ? Cela ne veut certes pas dire que les littératures antiques étaient des littératures à l'eau de rose ; la tragédie connaît le crime et les criminels : elle s'en repaît. Des historiens comme Thucydide à Athènes ou Tacite à Rome sont sans illusions et leurs peintures ont souvent un caractère féroce ; Aristophane s'épanouit dans la grossièreté et les poètes latins ne sont pas de petits saints.

Je le sais. Mais tous ces exemples n'excluent pas une certaine ardeur vers le bien. La tragédie traite du crime, mais pour en dire l'horreur. Les historiens dépeignent le mal, mais en le déplorant. C'est seulement avec le temps que l'élan semble diminuer, puis cesser. Les textes français du XVIIe siècle sont encore animés de cet élan moral, ou du moins les plus grands le sont. On le retrouve encore au XVIIIe siècle ; mais *Les Liaisons dangereuses* succèdent à *La Princesse de Clèves.* Et les textes de notre temps sont en général négateurs, destructeurs. Ils traitent de l'absurde, de la solitude, de la folie, sans parler des excès sexuels. Or c'est un fait général. La musique et la peinture traduisent, elles aussi, le chaos, la violence, la négation. Je n'irai pas les en blâmer : si c'est ainsi que les auteurs sentent et le monde et la vie humaine, il n'y a pas à en discuter. Mais une chose est certaine, c'est que cela prouve à l'évidence l'existence d'une crise, et, pour

Möglichkeit gibt, vollkommen dem Ruf zu folgen, vor Jesus „nackt", das heißt völlig arm dazustehen.

Diese Armut zu leben bedeutet: sich ausliefern, Vertrauen haben. Armut bedeutet, sich vollständig in die Hände Gottes zu begeben, Ihm zu erlauben, Seinen Willen an uns zu tun. Die authentische Armut drückt sich dadurch aus, dass man wählt, arm zu sein, und zwar in dem Sinne, einfach zu leben und sich auf das, was notwendig zum Leben ist, zu beschränken. Die Welt, die voll von Götzen ist, braucht dringend Menschen, die davon Beispiel in ihrem Leben ablegen. Indem sie die „Armut" auf diese Weise vorleben, kann man die Götzen entlarven, die die Menschen zu Sklaven machen. Es ist hauptsächlich durch diese Armut, dass du die Glückseligkeit findest, die Jesus versprach, als Er zu der Menschenmenge sagte: „Selig sind die Armen, denn ihnen gehört das Himmelreich".

Bruder Luigi, darf ich dich fragen, was du unter dem Begriff „Keuschheit" verstehst und wie du sie lebst?

Ich betrachte die Keuschheit als ein Geschenk. Natürlich bedarf es einer großen Anstrengung, keusch zu leben. Aber es ist sehr wichtig zu verstehen, dass die Keuschheit viel mehr als eine einfache Enthaltsamkeit ist. Es bedeutet, die Liebe, die Gott in mein Herz gepflanzt hat, voll und ganz zu leben. Ich darf meine Sexualität nicht leugnen, ich versuche sie umzuwandeln, und das kann mich zu vielen anderen Menschen führen, um mit ihnen in göttlicher Liebe verbunden zu sein.

Der wichtigste Aspekt ist meine Beziehung zu Gott. Auch in dieser Beziehung ist ein Gefühl von Zuneigung vorhanden, in der mein Verlangen nach gefühlsmäßiger Zuwendung oft gestillt wird. Wir Geweihten müssen sehr auf den gefühlsmäßigen Aspekt achten, weil es in unserem

Leben auch eine Erfahrung von Einsamkeit gibt. Deshalb glaube ich, dass es das Wichtigste ist, eine intime, persönliche Beziehung zu Gott zu entwickeln. In Ihm finden wir die Antwort auf alle Fragen.

Außerdem kann man die Sexualität nicht nur auf die reine sexuelle Tätigkeit begrenzen. Ich glaube, es ist sehr wichtig, diese Dinge auf einen Punkt zu bringen. Sicher ist es hilfreich, Sport zu treiben und in bestimmten Situationen mit einem Bruder zu sprechen. Gott hat einige dazu berufen, die Keuschheit zu befolgen, damit diejenigen in der Lage sind, Ihn mit ungeteiltem Herzen lieben zu können. Das ist auch in einem kirchlichen Dokument festgehalten worden.

Meine Beziehung zu Gott ist Änderungen unterworfen. Ich erfahre täglich, dass der Herr mir neue Aufgaben bringt. Oft können wir das nicht begreifen. Das Fundament in meiner Beziehung zu Gott besteht aus zwei Wörtern, es ist die Liebe und die Barmherzigkeit. Ich sehe Gott wirklich als „Objekt" meiner Liebe, nachdem ich mich sehne, das ich immer mehr lieben will. Oft spüre ich Ihn nicht, aber ich weiß, dass man nur in Ihm die Fülle seines Lebens finden kann und in Seinen Augen unendliches Erbarmen entdeckt, was jeder Mensch so sehr braucht.

Kann es passieren, dass du Gott manchmal ganz weit von dir entfernt fühlst und dann wiederum das Gefühl erlebst, als wäre Er ganz nahe?

Ja, genau so ist es, aber das ist normal. Ich habe viele wichtige Augenblicke mit dem Herrn erlebt, das sind Erfahrungen, die man nicht vergessen kann, sie sind so stark, dass man sie nicht einmal beschreiben kann ... Es sind Augenblicke, in denen Er sich offenbart, in denen Er sich noch einmal manifestiert ... *(Er schließt die Augen ... lächelt ... und macht eine kleine Pause ...)*

Es gibt auch Situationen, die mich in Alarmbereitschaft versetzen, sie sagen mir, dass ich aufpassen muss. Ich glaube, dass eine große Versuchung im religiösen Leben heutzutage im „Tun" besteht, nämlich etwas von sich aus zu tun, und dabei zu glauben, dass der Herr dich dazu berufen hat, diese bestimmte Sache für Ihn zu tun. Wenn ich in dem Moment von diesen Gedanken überzeugt bin, dann geschieht es, dass ich die Initiative ergreife, zwar in gutem Glauben, aber dennoch bin ich also derjenige, der etwas entscheidet, ich bin es, der versucht, etwas zu tun … und auf diese Weise laufe ich Gefahr, den Willen Gottes nicht zu beachten.

Das Ego kann sehr stark werden. Aber der Religiose ist ein Mensch, der berufen wurde, Christus nachzueifern. Was hat Christus getan? Er hat den Willen des Vaters getan. Daher ist der Religiose nicht ein Mensch, der lebt, um von sich aus etwas aufzubauen, sondern ein Mensch, der dazu berufen wurde, in innerer Verbindung mit Christus zu bleiben, so zu leben, wie Er gelebt hat. Wir haben gerade über die Gelübde gesprochen: das heißt mit Ihm zu leben, denn Er ist es, der durch dich agiert. Das gehört zum Glauben. Es geschieht gerade durch das Sich-Ausliefern des Menschen an Gott, dass Seine Gnade fließt.

Ich kann mir denken, dass es nicht immer einfach ist, diese Haltung zu haben. Ich glaube, es gehört zur Natur der Menschen, Macht ausüben zu wollen und Kontrolle zu haben. Aber Ihr als Brüder seid dazu aufgerufen, zu gehorchen, und das Ideal wäre, sich an die letzte Stelle zu setzen.

Das ist eine ständige Anstrengung in unserem Leben. Je nachdem, ob man inneren Frieden spürt oder nicht, das kann ein wichtiges Zeichen sein, wo wir gerade stehen, nämlich ob die Entscheidungen, die wir treffen, in Ordnung sind. Wenn du auf dem richtigen Weg bist, empfindest du Frieden in deinem Inneren.

Wenn du keinen Frieden in dir findest, heißt das, du musst über deine Verhaltensweisen gegenüber den Mitmenschen reflektieren und deine Gedanken und Taten überprüfen?

Ich würde sagen, man muss da unterscheiden. Auf den ersten Blick lässt der fehlende Friede offensichtlich verstehen, dass etwas nicht in Ordnung ist. Manchmal ist es wirklich ein Zeichen dafür, dass die Gemeinschaft mit Gott fehlt. Aber man muss auch unterscheiden können, um festzustellen, ob ein konkreter Anlass diese Unruhe verursachen kann. Was immer es auch sei, in welcher Situation du dich auch befinden magst, wenn du mit Gott verbunden bist und alles zu Ihm bringst, wenn du aufrichtig zu ihm sprichst und dich Ihm übergibst, dann wirst du Frieden finden.

Ich habe dich in der Kirche während der Anbetung gesehen, du warst so tief versunken … Was tust du in dieser Zeit der Kontemplation?

Die Kontemplation ist eine Art von Gebet. Wir haben das liturgische Gebet, die Meditationen und die Kontemplation, die eine Zeit der Anbetung ist. Manchmal verweilt man einfach und schaut, man betet den Herrn an, man bleibt, man verweilt in Ihm, in dem Vertrauen, dass Er da ist, bei dir ist, dass Er uns anschaut. Es ist ein so schönes, so tiefes Gebet, auch hier erleben wir diese totale Hingabe an Ihn. Es ist dieses Stehen vor dem Herrn mit wenigen Worten, das oft so hilfreich ist. Manchmal gefällt es mir, einfach „Jeshua" zu sagen …

Oft sage ich auch nur: „Ich bin hier". Oder ich wiederhole: „Ich liebe Dich" … oder „Jesus, erbarme dich meiner". Manchmal biete ich Ihm meine Liebe an, ganz ohne Worte … Es ist schön, vor Ihm in Seiner Gegenwart zu stehen … Oft fühle ich Seine Liebe, oder ich spüre so viel Frieden in diesen Augenblicken … verstehst du mich?

Ja, ich verstehe dich sehr gut. Welche Seite von Franziskus fasziniert dich am meisten?

Dass er Christus so geliebt hat! Einer seiner Biographen behauptet, dass im Leben von Franziskus die Tatsache offensichtlich sei, dass er vom Anfang bis zum Ende ein Mensch war, der vom Kreuz durchbohrt war. Das geschah zuerst in seiner Seele, durch das Gebet in San Damiano. Es war sein einziger Wunsch, vollkommen bei und mit Christus zu sein, Einheit mit Ihm zu erleben, und Seinen Willen zu tun. Nach und nach hat Franziskus alles fortgegeben, sich von allem vollkommen befreit und entblößt. Das Kreuz Christi, das bereits in seiner Seele eingeprägt war, hat dann auch an seinem Körper die sichtbaren Spuren hinterlassen. Ich spreche von den Stigmen, die er auf dem Berg La Verna erhalten hat. Das ist wirklich das höchste Siegel der Liebe.

Franz und Klara haben inständig auch nachts meditiert und gebetet. Ich habe gehört, dass in der Zeit des hl. Bernardino, wenn er sich hier in der Einsiedelei aufhielt, sich auch die Brüder nachts trafen, um Gott zu loben.

(Er antwortet sofort, ohne zu überlegen.) Ich würde mir ein ärmlicheres Leben wünschen, und dass man dem Aspekt der Kontemplation wieder mehr Bedeutung schenkt. Die franziskanische Berufung ist durch einen innigen kontemplativen Aspekt gekennzeichnet. Ich fände es wunderbar, nachts aufzustehen, um sich in Gott zu versenken.

Bis vor kurzem haben sich die Brüder nachts zum Stundengebet getroffen ... Wie gerne würde ich das tun! Aber ich sage dir, und es ist wichtig, das zu wissen, dass diese Wünsche, die von Franziskus und Klara ausgingen, in der Zeit ihrer Askese geboren wurden und durch die Gnade umgesetzt werden konnten. Wir Brüder treffen uns nicht nachts, um Gott näherzukommen oder um Christus zu lo-

ben, so wie die Heiligen das getan haben, aber wir feiern jeden Tag die Messe und die hl. Kommunion. Wenn wir an der Kommunion teilnehmen, so ist das die beste Möglichkeit, um in das Mysterium von Jesus Christus einzutreten … Es geht nicht nur darum, Nahrung zu sich zu nehmen, oft sehe und verstehe ich, dass in diesem Augenblick das ganze Mysterium von Christus offenbart wird.

Stell dir vor, was das bedeutet: du nimmst den Kelch und du kannst das Blut Christi daraus trinken. Es ist der wichtigste Augenblick, in dem Christus vollkommen gegenwärtig ist. Du bist direkt in Seiner Gegenwart! Aber gleichzeitig wird dir auch bewusst, wie weit du davon entfernt bist, nämlich die Bedeutung, die in diesem Mysterium erhalten ist, in aller Tiefe zu erfassen. Es ist die Kraft des Glaubens, die dir dazu verhilft, dieses Mysterium von Seiner wirklichen Anwesenheit in dich aufzunehmen.

Wieviel Gnade offenbart sich auf dem Altar! *(Ich spüre, dass seine leise gesprochenen Worte aus seinem Inneren hervorkommen, so als wären sie die Bestätigung einer persönlichen Erfahrung.)* Wir können das nicht erfassen, in jenem Augenblick offenbart sich immer wieder das gleiche österliche Ereignis mit Christus … um dieses Geschenk empfangen zu können, ist es wichtig, sich an Maria zu wenden und ihre Hilfe zu erbitten. Sie ist voll der Gnade Gottes. In unserer Armut brauchen wir die Hilfe von Maria. Wir empfangen in der Kommunion den Sohn von Maria. Sie kann uns helfen.

Wenn ein Wunsch von dir in Erfüllung gehen könnte, was wäre das?

Ich möchte Jesus Raum geben. Ich möchte einfach lieben, lieben, lieben … Es gibt einen Satz der hl. Therese von Lisieux, der mich immer beeindruckt hat: „Ich will aus Liebe sterben“ … weil jemand, der aus Liebe stirbt, nicht

stirbt. Es gibt soviel Sehnsucht in mir, die mich manchmal zum Weinen bringt ... und dennoch bin ich gleichzeitig auch von soviel Frieden erfüllt ... Ich bin davon überzeugt, dass auch dieses Gefühl selbst Seiner Gnade entspringt ... Ja ... Er selber gibt mir die Sehnsucht nach Seiner Anwesenheit in meinem Herzen ... Die Liebe ist alles, nicht wahr, Ingrid? *(Wir schauen uns mit einem Lächeln an.)*

Bruder Luigi, draußen in der Welt glaubt man, dass man im franziskanischen Leben oft betet, arbeitet, liest und studiert, verschiedene Aufgaben für andere erledigt und das Evangelium verkündet. Es kommt mir so vor, als ob man zu wenig darüber spricht, dass ihr auch Spaß und Freude in eurem Alltag habt.

Am besten können die Menschen darüber Zeugnis abliefern, die hier in die Einsiedelei kommen und sich selbst ein Bild davon machen. Viele Menschen haben mir persönlich gesagt, dass sie, während sie mit uns lebten und einige Tage das franziskanische Leben mit uns teilten. diese große Freude unter uns und mit uns spüren konnten.

Das ist auch eine Botschaft, die ich mit den Interviews weitergeben möchte. Auch ich kann nur bestätigen, dass ich in den Klöstern unter euch „Gottsuchern" so viel Freude gefühlt, gesehen, und auch selbst erfahren habe! (Bruder Luigi ist sehr fröhlich und nickt bestätigend.)

O ja, ich glaube, das ist eine sehr wichtige Botschaft für die Welt. Ich sage oft: „Ich hoffe, dass auch ihr in der Welt Zeugnis ablegt von der Liebe und Freude, die man auf dem Weg zu Christus hin findet."

Komm, lass uns hinausgehen, das Interview ist beendet oder?

Wir gehen aus dem Zimmer in den Klosterinnenhof hinaus, von wo man eine wunderbare Aussicht über das Umbrische Tal und die in weiter Ferne sich ausbreitenden blaugrauen Hügelketten hat. In den kleinen Dörfern, die sich an die Hügel anschmiegen, entzünden sich immer mehr Lichter, so als wären es lauter kleine leuchtende Sterne … und ich denke an die vielen Brüder und Schwestern und an Bruder Luigi, die die Welt mit ihrem Leben heller machen … so, als wären auch sie kleine Sterne.

worden. Ich lauschte andächtig, als er Abschnitte aus dem Evangelium kommentierte. Mit seiner sanften Stimme wies er auf die Schönheit von Maria hin.

Meine Gedanken schweiften zurück zu der Zeit, als Bruder Antonio vor ein paar Jahren in San Damiano lebte. Er spielte damals zu den verschiedenen Gottesdiensten die Orgel. Ohne das Orgelspiel je studiert zu haben, hatte er sich selbst einige Lieder beigebracht. In all meinen Begegnungen mit Bruder Antonio über viele Jahre hin, war ich jedes Mal davon beeindruckt, wie bescheiden er war. Von seinen Mitbrüdern hörte ich, dass er sehr intelligent war, mehrere Sprachen sprechen konnte, und deshalb hatte ich ihn damals gebeten, meine italienischen Gedichte zu korrigieren. Es war mir immer eine Freude, einige Worte mit Bruder Antonio wechseln zu können, aber allein ihn nur die Orgel spielen zu hören, erwärmte mein Herz.

Vor ein paar Monaten hatte ich ihn zufällig unterhalb von Assisi im Tal am Bahnhof getroffen, der nicht weit entfernt von der Basilika Santa Maria degli Angeli ist. Während wir auf unsere Züge warteten, lud mich Bruder Antonio freudestrahlend zu seiner bevorstehenden Priesterweihe ein. Und während ich nun an diesem Abend in der Kirche saß, erinnerte ich mich daran, dass Bruder Antonio am nächsten Tag Priester werden sollte. Als die Vesper zu Ende war und die Kirche immer leerer wurde, rief ich ihn: „Bruder Antonio! Bist du wieder hier?"

„Ja, den ganzen Monat, danach werde ich ins Ausland versetzt."

„Ist nicht morgen der Tag, an dem du zum Priester geweiht wirst?"

Er lächelte, schaute mich an und sagte mit fröhlicher, enthusiastischer Stimme:

„Es wird der schönste Tag meines Lebens sein!"

„Ich freue mich für dich, ich komme, um dich zu sehen."

Als ich nach Hause ging, summte es unentwegt in mir: „Der schönste Tag seines Lebens … der schönste Tag seines

Lebens ..." Bei dem Gedanken, dass er für immer sein Leben Jesus Christus mit den endgültigen Gelübden der Armut, Keuschheit und des Gehorsams schenken wollte, durchrieselte es mich ... „Er will Jesus lieben und ihm in der franziskanischen Gemeinschaft dienen ...", „der schönste Tag seines Lebens ..."

Gleich beim Aufwachen am Sonntagmorgen ist mein erster Gedanke: „Heute ist der große Tag von Bruder Antonio!" Ich bin aufgeregt, dabei sein zu dürfen, obwohl ich normalerweise nicht gerne zu besonderen liturgischen Zeremonien in große Kirchen gehe; ich werde zu leicht abgelenkt, wenn so viele Menschen da sind, und dann entgleitet mir das Wichtigste, was am Altar geschieht. Um so glücklicher bin ich, als ich sehe, dass die Menschen still und andächtig auf ihren Plätzen sitzen, so als ob alle die Wichtigkeit dieses Tages fühlten.

Feierliche Orgelmusik erklingt, und da schreiten sie in einer langen Prozession durch den Mittelgang zum Hauptaltar: die Messdiener, die Novizen, die Priester, der Bischof, drei Brüder, die zum Diakon geweiht werden sollen, und als letzter Bruder Antonio. Ich bin zutiefst berührt von dem Ausdruck in Bruder Antonios Gesicht. Während all dieser erhebenden Feierlichkeiten wirkt er vollkommen in sich versunken ... was mag an diesem denkwürdigen Tag seines Lebens, in diesem Augenblick, in ihm vorgehen?

Es beginnen die Vorbereitungen für die Messe, mit den besonderen Riten für diese Angelegenheit, es folgen Lieder, die Lesungen aus dem Evangelium, das Aufzählen der verschiedenen Aktivitäten der vier Brüder, die sie vom Beginn ihres franziskanischen Noviziates bis zum heutigen Tage verrichtet haben.

Die Zeremonie erreicht ihren Höhepunkt, als sich die vier Brüder, alle in weiß gekleidet, auf den Boden vor dem Altar niederlegen und mit ihrer Stirn den Steinboden berühren. Der Bischof spricht einige Worte, aber ich kann kaum zuhören. Die Zeit bleibt für mich stehen, während ich unentwegt auf die Brüder schaue, die auf dem Boden liegen und sich in dieser Haltung Gott vollkommen ergeben ...

Es herrscht eine andächtige Stille in der Basilika.

„Mein Vater, ich übergebe mich dir ..." diese Worte steigen in meinem Herzen auf, und einen Augenblick kommt es mir so vor, als ob auch ich mich Gott ganz ergeben würde.

Später werden die Brüder in ihre besonderen Gewänder gekleidet. Bruder Antonio kniet am Altar nieder, alle anwesenden Priester reihen sich einer nach dem anderen vor ihm auf, dann legen sie ihre Hände auf seinen Kopf und segnen ihn ... Jedes Mal, wenn er gesegnet wird, erklingt es in mir: „Friede ströme auf dich hernieder ... der Heilige Geist ströme auf dich hernieder ... Friede ströme auf dich hernieder ... der Heilige Geist ströme auf dich hernieder ..."

Glückwünsche und Umarmungen werden ausgetauscht, was für eine Freude ist da zu spüren unter den Mitbrüdern und auch unter uns Anwesenden in der Basilika! Bruder Antonio ist zum Priester geweiht worden: „Der schönste Tag seines Lebens!"

Fünf Tage später sehen wir uns in San Damiano, bevor die Vesper beginnt. Ich zeige ihm, was ich über seine Priesterweihe geschrieben habe. „Genau so war es, ganz genauso." Bruder Antonio ist von meinen Worten bewegt, er umarmt mich und macht das Zeichen des Kreuzes auf meine Stirn. Als ich frage, ob ich noch irgend etwas zum Text dazuschreiben könnte, antwortet er: „Nein, nein, nicht ein einziges Wort."

Er kommt etwas näher: „Ich möchte dir noch etwas sagen ...", und dabei wird seine Stimme zu einem Flüstern, „diese Weihe zum Priester hat etwas in mir ausgelöst ... seitdem spüre ich den Herrn immer mehr ..." Der Bruder ringt nach Worten ... „Er spricht zu mir ... in der Stille", dann schweigt er. Er schließt für einen Augenblick die Augen, neigt seinen Kopf und kreuzt die Arme über seine Brust ...

Mir kommen die Tränen. Diese einfache Geste, die Hände ehrfürchtig über sein Herz zu verschränken, spricht Bände.

Sie drückt mehr aus, als 1000 Wörter in einer großen Predigt! Ich habe einen wirklichen Bruder gefunden, einen Bruder, der, während er den Namen Gottes ausspricht, in das Heiligtum seines Herzens tritt und dort, wie Franziskus, Gott gefunden hat.

Assisi im Winter

Die Luft ist erfüllt von Engeln
von Frieden und von Liebe
Franziskus und Klara
haben Fußspuren hinterlassen
wenn du möchtest, kannst du ihnen folgen

I. H.